드넓은 우주, 그 안의 지구, 지구 안의 작은 나라, 이 도시, 바로 여기에서 만난 사람,
내 옆의 당신이야말로 신이 내린 축복입니다.
- 칼 세이건(천문학자)

_____ 님께

**일러두기**

1. 한글 전용을 원칙으로 했다. 고유명사의 우리말 표기는 국립국어원의 외래어 표기법을 따랐다. 그러나 관행적으로 굳어진 표기는 그대로 사용했다.
2. 단행본, 신문, 잡지, 앨범 제목에는 겹낫쇠(『 』)를 쓰고 논문, 논설, 예술작품, 단편소설, 시 제목은 홑낫쇠(「 」)로 표기했다.
3. 인용문은 21세기북스의 교정 원칙을 따르지 않고 출처에 쓰인 대로 표기했다.
4. 문단 안 일부 생략은 (…)로 표기했고 문단을 건너 뛴 부분 생략은 (……)로 표기했다.

# 세시봉 이야기
## *C'est Si Bon*

김종철 글 | 강모림 그림 | 고서점 호산방 자료제공

21세기북스

머리말
# 세시봉 콘서트로 하나가 되다

나에게 '세시봉'은 젊은 시절의 아련한 추억이다. 나와 친구들은 대학 신입생이던 때부터 그 음악감상실의 단골이었다.

세시봉은 묘한 매력을 지닌 '청춘의 광장'이었다. 풋풋한 햇사과처럼 싱그러운 처녀들과 넘치는 기운을 주체하지 못하는 청년들이 찻잔을 마주 들고 서양의 팝음악을 들으면서 사랑의 눈길을 주고받던 곳. 엘리스 프레슬리, 비틀스, 밥 딜런, 존 바에즈, 루이 암스트롱, 에디트 피아프, 이브 몽탕의 노래가 젊은 이들에게 이국異國 정서를 듬뿍 안겨주던 곳.

민족적 주체성이나 민족문화에 대한 자각이 모자라던 시기에 나는 세시봉에서 대중음악의 세계로 깊이 빠져들었다. 그러다가 어느 날 세시봉의 사장님에게 건전한 청년문화의 마당을 만들자고 건의한 것이 받아들여져서 '대학생의 밤'을 시작하게 되었다. 대학 3학년생이 갑자기 아마추어 프로듀서가 된 것이었다. 그래서 나 개인에게는 세시봉이 더욱 잊을 수 없는 곳이다.

나는 거기서 많은 사람들을 만났다. 검게 물들인 야전점퍼 차림으로 '워커(군화)'를 신고 다니던 무명 가수 조영남, 우리보다 두어 살 위인 박상규·장영기 씨, 나중에 유명한 방송 진행자가 된 이상벽, 그들을 이끌고 보살피시던 이백천 선생('통기타 군단의 담임선생님')이 바로 그들이었다.

나는 신문사 기자 생활을 시작하면서 그들을 자주 만날 수가 없었다. 특히 박정희 정권의 서슬이 퍼렇던 '긴급조치 시대'에 해직을 당해 '거리의 언론인'이 되고 나서는 행여 그들에게 폐가 될 것 같아서 만날 엄두가 나지 않았다.

그런데 2010년 한가위에 조영남이 송창식, 윤형주, 김세환과 더불어 '세시봉 친구들'이라는 이름으로 텔레비전에 나타나서 잔잔한 감동을 일으키더니 이듬해 설에는 '세시봉 콘서트'로 '세시봉 세대'뿐 아니라 젊은이들까지 열광하게 만들었다.

나는 그들을 보면서 이런 생각을 했다.

'세시봉 사람들에 관한 이야기를 한번 써볼까?'

그래서 가까운 사람들에게 넌지시 물어보았다. 놀랍게도 거의 모든 지인들이 '그거 참 재미있겠다'는 반응을 보였다.

'세시봉 이야기'를 책으로 펴내려고 결심을 하고 컴퓨터 앞에 앉고 보니 막막했다. 희미한 기억들을 재생하는 일이 쉬울

리 없었다. 책자나 인터넷을 통해 이런저런 정보를 검색하면서 비로소 책의 뼈대를 잡을 수 있었다.

  이 책은 세시봉에 얽힌 많은 일화들을 담고 있다. 그러나 그런 이야기들만으로는 오늘 다시 살아난 세시봉의 사회 문화적 의미를 제대로 파악할 수 없겠기에 1960년대 중반 이후의 대중음악사를 간략하게 추적하면서 오늘의 한국 음악을 생각해 보았다.

  나는 이 책을 마무리하면서 '좋은 음악은 삶을 바꾼다'는 평범한 진리를 다시 한 번 확인할 수 있었다.

정성스럽게 책을 만들어 세상에 내보내주신 21세기북스 김영곤 사장님을 비롯한 임직원들, 빛나는 삽화로 모자란 글을 보충해주신 강모림 님, 1960~1970년대 희귀 음반 50여 점과 사진들을 제공해준 고서점 호산방 박대헌 님에게 깊이 감사를 드린다.

2011년 4월
김종철

## 차례

**머리말** 세시봉 콘서트로 하나가 되다 4

**1부**
**세시봉 사람들은
누구인가**
11

조영남과의 만남 16

1960년대의 음악감상실 문화 21

세시봉의 정규 프로가 된 '대학생의 밤' 27

야간 통행금지 시절의 세시봉 35

조영남 – 철 들지 않는 영원한 보헤미안 43

송창식 – 천재인가 외계인인가 51

윤형주 – 음악과 사업을 겸하는 장로님 58

김세환 – 노래하는 산악자전거 전도사 67

21세기에 불어닥친 '세시봉' 열풍 74

위대한 기획이라는 찬사 75 | 세대 소통의 놀라운 계기 76
세시봉은 서러움과 분노로 기억된다 78

세시봉 콘서트의 매력과 문제점 79 | 식상한 아이돌 장기자랑 80

대중가요의 수난시대 – '금지곡'이라는 이름의
쇠사슬 82

「동백아가씨」도 금지곡 83 | 신중현의 「미인」은 '저속' 87
「거짓말이야」와 「아, 대한민국」 90 | 통기타의 수난 92
금지곡이 된 월북 음악인들의 노래 103

**2부** 팝음악의 큰 별들 111

세시봉이 들려주던
서양의 팝음악

109

앨비스 프레슬리 – 소리와 몸으로 세계를 뒤흔들다 112
비틀즈 – 팝음악을 예술로 승화시키다 121
밥 딜런 – '서정적 저항'을 노래하다 131
존 바에즈 – 반전과 평화'를 노래한 운동가 138

지금도 그리운 노래들 148

'미스 다이너마이트' 이금희 148 | 루이 암스트롱과 레이 찰스 158
에디트 피아프와 이브 몽탕 167 | 칸초네의 추억 177

**3부** 서정적 노래를 부르는 '자유분방한 광대' 조영남 185

세시봉 사람들의
음악 세계

183

영혼과 육체의 화음으로 노래하는 송창식 197
청아하고 경쾌한 윤형주의 음악 208
늙어서도 젊음을 노래하는 김세환 216

**4부** 민중가요의 길을 연 사람들 226

1980년대 이후의
민중가요

223

한대수 – 미국 포크음악을 한국에 도입하다 227
김민기 – 민중의 바다로 나간 종합예술가 236

민중가요 운동의 기폭제가 된 5월 항쟁 247

'메아리'에서 '노찾사'까지 249 | 정태춘 – 대중과 민중 사이의 다리 255

**맺음말** 좋은 음악이 삶을 바꾼다 264

Shinjin

신6차카인쇄 公補部品可 (NET. W. 125g UP) 신진레코드 회사

KOREA LONG 33⅓ rpm PLAY

**1부**
## 세시봉 사람들은 누구인가

1988년 11월 하순 어느 날 아침, 나는 직장인 신문사에서 잇달아 울리는 전화를 받느라고 정신이 없었다. 바로 전날 밤 국회의사당에서 열린 '5공 청문회' 때문이었다.

나는 언론 분야 청문회에 참고인으로 나가서 1974년 10월 24일부터 이듬해 3월 17일까지 동아일보사에서 벌어진 '자유언론 실천운동'에 관해 증언을 했다. 당시 나라 안팎에서 다섯 달 가까이 뉴스의 초점이 된 '광고탄압'과 '백지광고' 사태에 대해 3개 지상파 방송사가 생중계를 하는 가운데 한 시간쯤 12년 전의 실상을 고발한 것이다.

그 내용이 충격적이었던지 내가 근무하던 한겨레신문사 논설위원실로 전화가 쏟아졌다. 얼굴이 잘 기억나지 않는 초등학교 동창생부터 이름 모를 보통사람들까지 나를 격려하는 뜻으로 건 전화라서 일일이 응대를 해야만 했다.

점심시간이 가까워지던 시간에 수화기를 들자 아직도 잠을 덜 깬 듯한 장년 사내가 이렇게 물었다.

"김종철 논설위원이시지요?"

"네, 그렇습니다"

"나 영남이야, 조영남……."

"아니 네가 웬일로 전화를?"

"어젯밤에 너 텔레비전에 나온 거 봤다."

"그래? 이게 몇 해 만이냐!"

"내가 어제 강남 극장식당 밤무대에 섰다가 휴게실에서 텔레비전을 틀어보니 너 비슷한 사람이 나오더라. 긴가민가해서 전화 걸었어."

조영남은 나보다 기억력이 훨씬 뛰어난 것이 분명하다. 그는 1994년 4월에 펴낸 『놀멘놀멘 1』에 그때 이야기를 이렇게 적었다. 나에 관한 내용이라 쑥스럽지만 그와 나의 관계를 이해하는 데 도움이 될 것 같아 조금 길게 인용하겠다. 그가 어느 시사주간지에 연재했던 것을 책에 실은 이 글의 제목은 '논설위원'이다.

신문사 논설위원, 말만 들어도 으스스한 직함이다. 그런데 누가 믿겠는가. 나 같은 일개 가수 나부랭이한테도 버젓한 논설위원 친구가 있다는 것을, 그것도 꼿꼿한 한겨레신문의 논설위원이다.
때는 바야흐로 5공 청문회가 한창이던 1988년 가을이었다. 그때 나는 좀더 큰 평수의 아파트를 마련하려고 하루 저녁에도 여러 군데의 밤무대를 뛰었다. 영동 경복아파트 사거리에 있는 '코리아 타운'이라는 밤업소에서 내 순서를 끝내고 대기실로 내려왔을 때다. 내가 거의 마지막 순서이기 때문에 대기실에 마침 아무도 없었다.
대기실 선반에 놓여 있는 TV에선 막 청문회 장면이 돌아가고 있었다. 시차를 바꿔가며 한도 끝도 없이 청문회가 방송됐기 때문에 그때는 어느 정도 지겹게 느껴질 즈음이었다. 언론통폐합 시의 언론이 어떻게 탄압받았는가를 누군가가 증언하고 있었다. 무심코 옷을 갈아입으며 들여다보았는데 증언자의 침착한 말씨가 어느덧 나의 시선을 고정시키고 있었다. 한참 만에 증언자의 신상에 관한 자막이 TV 화면 아래쪽에 나왔는데 동아투위에서 활약한 기자 출신인, 현 한겨레신문 논설위원 김종철이라는 사람의 증언이었다.

나는 속으로 글쎄 논설위원쯤 되면 저 정도의 논리정연한 언변은 당연한 일이겠지 하고 대기실 문을 나서려는데 갑자기 내 입에서 "어라?" 하는 의문부호가 튀어나왔다.

그렇다면 저 녀석이 바로 그 옛날의 종철이가 아닌가! 나는 집으로 돌아와 잠자리에 들어서도 비칠비칠 대기실 TV 속의 인물을 되새겨 보며 아침에 일어나는 대로 밀져야 본전인데 한 번 확인해보자는 급박한 결정을 내리게 된 것이다.

다음날 아침 아홉 시가 지나자 나는 한겨레신문 대표전화에 대고 김종철 논설위원실을 부탁했다. 여비서가 나왔다. 나에 관한 신상명세를 또렷하게 댔다. 이런 경우 나는 나의 신상을 밝히는 일에 단연 프로급 선수이다. 대충 켕길 일이 없어서 그런 모양이다. 저쪽 전화에서 어제 저녁 '코리아 타운' 대기실 TV에서 들은 탁한 저음의 바리톤 소리가 들려왔다.

"야! 너 오래간만이다. 나 종철이다."

나의 예상이 들어맞은 것이었다. 음악감상실 '세시봉'에서 만난, 당시 서울대 문리대 출신의 종철이 녀석이 바로 그 TV에 나왔던 그 자였다.

내가 대뜸 이런 식으로 말을 받았던 것 같다.

"얌마! 니가 어떻게 신문사의 논설위원까지 됐냐?"
물론 저쪽에서도 똑같은 식의 대답이 나왔다.
"얌마! 니가 카수 노릇하는 거나 마찬가지지 뭐냐."
그 다음날 우리는 불고기를 놓고 이십여 년 만에 회포를 잔뜩 풀었다.

(─『놀멘놀멘 1』, 241~243쪽)

그날 가만히 더듬어 보니 조영남을 마지막으로 본 지가 17년이 넘었다. 그가 1971년에 윤여정 씨와 함께 미국으로 떠났기 때문이다.

# 조영남과의 만남

나는 1966년 가을 서울 중구 서린동에 있던 음악감상실 세시봉에서 조영남을 처음으로 보았다. 그는 무대에서 피아노를 치며 노래를 부르던 무명가수였고 나는 객석의 한 사람이었다. 허름한 점퍼 차림으로 건반을 두드리면서 열정적으로 멜로디를 쏟아내는 그의 인상은 너무도 특이했다. 그 스스로 인정했듯이 '방금 농촌에서 힘든 일을 하다가 올라온 청년'처럼 보였다. 그런데 그의 입에서 나오는 곡조는 최신 유행의 미국 대중음악이었다. 나의 기억에 지금도 또렷한 곡은 마티 로빈스가 부른 「돈 워리 어바웃 미」(Don't Worry about Me, 내 걱정 하지 말아요)이다.

Don't worry about me, it's over now
이제 끝났으니 내 걱정 말아요
Though I may be blue, I'll manage somehow
난 울적하겠지만 어쨌든 견딜 수 있어요
Love can't be explained, it can't be controlled
사랑은 설명할 수도 억제할 수도 없는 것
One day it's warm, next day it's cold

하루는 따스하고 이튿날은 춥지요

조영남이 이 노래를 2절까지 부르고 나서 건반을 '쾅' 두드리면 객석에서는 요란하게 박수가 터져 나왔다. 어떤 처녀들은 요즘 말로 '꺅' 소리를 지르며 자지러졌다.

그는 원곡을 부른 돈 깁슨이 무색할 정도로 「상심의 바다 Sea of Heartbreak」를 애절하고도 격정적으로 노래했다.

그 무렵에 나와 친구들은 적어도 한 주에 한 번은 세시봉을 찾아갔다. 무대 공연은 주로 저녁 시간에 열렸다. 유명한 프로 가수들도 자주 나왔지만 조영남의 가창력이 가장 돋보였다.

어느 날 우리는 조영남과 인사를 나누게 되었다. 세시봉에서 아르바이트로 디스크자키를 하던 구자흥(당시 서울대 총연극회 회장, 현 명동예술극장장)이 그에게 '나와 같은 대학에 다니는 친구들'이라고 소개를 했다. 구자흥은 서울대 문리대 미학과 학생이었고 우리는 같은 대학 국문학과 3학년생들이었다. 조영남은 서울대 음대에 다니고 있었다.

조영남과 우리는 그날 이후 '말을 트고 지내는' 사이가 되었다. 아마도 같은 대학 동문이라서 쉽사리 그렇게 했던 것 같다. 그 무렵 세시봉에 함께 다니던 친구들 가운데는 「저문 강에 삽을 씻고」라는 시로 잘 알려진 정희성(시인, 전 한국작가회의 이사장)이 있었다.

그렇게 대학 시절에 친구로 지내던 조영남의 전화를 받은 뒤 어느 날 나는 방배동의 식당에서 그와 저녁을 같이했다. 그는 미국생활 12년을 접고 귀국해서 가수 활동을 하면서 그림도 그리고 있다

고 했다. 그림이 한두 점씩 모여서 곧 전시회를 하게 되었는데 자기가 홍보를 하기 어려우니 한겨레신문 미술 담당 기자를 소개해 주었으면 좋겠다고 말했다. 나는 선뜻 그렇게 하겠다고 대답했다.

그 이후로 나는 몇 차례 그를 더 만날 수 있었다. 그가 '어머니'로 모시던 한국가정법률상담소의 이태영 소장이 주관하는 모임 아니면 조영남이 초청을 받아 노래를 부르는 자리였다. 그가 하도 바쁘고 나도 신문사 일에 쫓기는 처지라서 서로 만나지 못하는 채 몇 해가 덧없이 흐르곤 했다. 나는 텔레비전에 자주 나오는 그를 보면서 '건강하게 잘 지내고 있군' 하고 생각할 뿐이었다.

그런데 2010년 한가위에 그가 놀라운 문화적 사건과 더불어 내 눈앞에 나타났다. 송창식, 윤형주, 김세환과 함께 MBC의 예능 프로그램인 '유재석 김원희의 놀러와'에 출연해서 세시봉 시절을 이야기하면서 '그때 그 노래들'을 부름으로써 나라 안 사람들은 물론이고 외국에 사는 동포들 사이에까지 감동을 일으킨 것이다. 특히 장년과 노년 세대의 반응은 대단했다.

그날 밤 자정이 되어 가던 무렵 내가 구석방에서 글을 쓰고 있는데 거실에서 텔레비전을 보던 아내가 큰소리로 외쳤다.

"지금 MBC에서 아주 좋은 프로를 하고 있는데 빨리 나와서 봐요."

화면에는 조영남의 얼굴이 크게 떠올라 있었다. 무슨 우연인지 내가 그 프로를 보기 시작한 지 2분도 채 되지 않아 김세환이 조영남에게 이렇게 물었다.

"형이 서울대 다녔다지만 공부는 전혀 안 했잖아요?"

"야, 나는 그랬지만 세시봉에 나오던 친구 있잖아, 종철이라고……. 걔는 공부 아주 잘했어."

그런 말을 듣고 보니 나 자신이 쑥스러웠다. 내가 그 시절에 그렇게 열심히 공부를 하지는 않았기 때문이다. 그러나 어쨌든 신기한 일이었다.

'지금부터 45년 전에 내가 한 해 가까이 온갖 열성을 바쳐 일하던 세시봉 이야기가 저렇게 나오고 있다니!'

2011년 '설 특집'으로 방영된 '세시봉 콘서트'에 대해서는 아내가 아예 예고를 해주었지만 깜빡 잊었다가 중간부터 보고 나중에 녹화를 통해 다시 보았다. 이번에는 반응이 더 폭발적이었다. '세시봉 열풍'이라 할 만했다.

# 1960년대의 음악감상실 문화

4월 혁명 한 해 뒤인 1961년에 고등학생이던 나는 여름방학에 가까운 친구와 함께 서울 충무로에 자리 잡은 세시봉을 찾아갔다.● 엘비스 프레슬리, 팻 분, 폴 앵카 같은 가수들의 노래에 빠져 있던 '우리의 소원'은 대학생들이 다니는 음악감상실에 가서 성능이 좋은 음향으로 노래를 듣는 것이었다. 청춘남녀들이 모여서 어떻게 음악을 감상하는지도 궁금했다. 우리가 남방셔츠 차림에 운동모자를 쓰고 세시봉 입구에서 표를 사려고 했더니 '기도(일본어로 문지기라는 뜻)'가 우리를 아래위로 훑어보면서 물었다.

"몇 살이나 되셨습니까?"

나는 얼떨결에 이렇게 대답했다.

"스무 살인데요."

"그럼 학생증 좀 보여주시죠."

"아, 집에 두고 왔는데요."

그 아저씨는 잽싸게 두 손을 움직여 우리 둘의 모자를 벗겼다. 빡빡머리가 드러났음은 물론이다.

● 세시봉은 1963년 중구 서린동으로 이사했다.

"요놈들, 마빡에 피도 안 마른 것들이⋯⋯. 썩 꺼져!"

우리는 뒤통수를 긁적이며 물러설 수밖에 없었다.

그렇게 쓰라린 경험을 하고 나서 마침내 대학생이 되어서야 우리는 세시봉에 당당하게 입장할 수 있었다.

1960년대 중반에 서울시내에는 종로, 명동, 을지로를 중심으로 서양 클래식 음악과 대중음악을 들려주는 감상실이 여러 군데 있었다. 이 분야에 관한 정보를 검색해보니 선성원이라는 분이 쓴 『대중음악의 뿌리』(1996년 10월)라는 책에 가장 상세한 자료가 실려 있으나 이미 절판이 되어서 책을 구할 수 없었다. 'limsohyuk'이라는 아이디를 쓰는 분이 네이버 지식인에 그 책의 내용을 옮겨 놓았기에 고마운 마음으로 인용하면서 참조도 하겠다.

먼저 「무교동의 추억, 세시봉 음악감상실」(2004년 3월 10일자)이라는 글에는 이런 대목이 나온다.

음악살롱 혹은 음악감상실이라고 불리던 곳 중 가장 유명한 세시봉은 당시 통기타 가수라면 누구나가 거치고 싶어하던 유명한 무대였다. (⋯) 소위 통기타 1세대로 불리던 송창식, 조영남, 윤형주, 김도향, 서유석, 김세환 등이 이곳 출신이다.●

세시봉은 한마디로 젊은이들에게 친근한 곳이었다. 다른 음악감

---

● 물론 양희은은 두 번째 무대인 오비스캐빈에서 주로 활동하였지만 고등학교 YWCA 활동 시절부터 이 1세대들과 함께 움직였다.

상실과 달리 음악이 편안했다. 이미 텔레비전이나 고고장을 통해 팝음악이 익숙한 젊은이들에게 계속 클래식만 틀어대는 다른 음악감상실보다는 샹송, 칸초네, 팝송을 주로 들을 수 있는 이곳이 친근할 테니 말이다. 게다가 커피 한 잔 값이면 하루 종일 편안한 의자에 앉아 마음껏 놀다 갈 수 있었으니 세시봉이 명소가 되는 건 당연한지도 모르겠다.

게다가 세시봉은 음악감상실이라는 틀에서 머물지 않고 다양한 이벤트를 벌여 젊은이들의 참여를 유도했다. '대학생의 밤' '신인가수 선발대회' '시인 만세' '스타와의 만남' 등 다양한 아마추어들의 무대가 마련되었고 자연히 끼 있는 젊은이들이 하나둘 모여 재능을 발휘하고 또 인기를 모으며 세시봉 스타군단을 만들기도 했다. 이런 자유분방한 분위기는 다양한 분야의 젊은이들을 모이게 했다. 실제로 세시봉에서 사회를 보고 이벤트를 하기도 했던 이백천이나 정흥택은 방송 언론 쪽 인물이었고 이장호나 최인호 같은 영화, 문단 등 예술계 젊은이들도 여럿 모였다.

세시봉은 휴전이 된 해인 1953년에 문을 연 한국 최초의 대중음악감상실이라고 한다. 여주인이 주한 미국 군사고문과 국제결혼을 해서 음반이 풍부했다. 내가 세시봉을 처음 찾아간 1964년 봄에 주인은 60대 중반의 남성으로 바뀌어 있었다.

세시봉에 이어 종로 2가 YMCA 뒷골목의 극장 우미관 근처에 '디쉐네', 중구 소공동 미도파백화점 옆에 '라 스칼라', 종로 2가 네

거리 화신백화점 3층에 '메트로'가 들어섰다. 충무로에는 '카네기', 관철동에는 '뉴월드', 태평로 조선일보사 옆에는 '아카데미', 명동극장 뒤에는 '시보네'가 문을 열었다. 그야말로 대중음악 감상실의 전성시대였다.

클래식음악 감상실로는 낙원동에서 개업했다가 종로 2가 네거리로 이사한 '르네상스'가 제일 유명했다. 을지로 입구의 '아폴로'는 르네상스보다 한참 뒤에 생겼다. 부산에는 '무아', 대구에는 '카네기'가 있었다.

요즈음에는 디지털 기술이 발달해서 다양한 매체와 방식을 통해 무슨 음악이나 들을 수 있지만 1960년대에는 KBS와 CBS 또는 주한미군의 라디오방송 아니면 집에서 전축을 통해서만 음악을 들을 수 있었다. 그래서 전축이 없는 사람들은 좋은 음향기기를 통해 음악을 들을 겸 친목도 아울러 도모하려고 음악감상실을 자주 찾아갔다.

나는 같은 학과 친구 몇 사람과 함께 대학 입학식이 끝난 지 며칠 뒤부터 '르네상스'에 가기 시작했다. 아마도 '클래식 음악부터 듣는 것이 고상하다'고 생각해서였을까?

1964년 봄에는 '굴욕적 한일회담' 반대 집회와 시위가 거의 날마다 벌어졌기 때문에 툭 하면 휴강이었다. 우리는 오전 10시부터 낡은 건물 4층에 있는 '르네상스'에 자리를 잡고 어떤 날은 열 시간도 넘게 '클래식 음악'을 계속 들었다. 중간에 밖에 나가서 자장면 한 그릇을 먹는 시간에만 음악이 귀에서 사라졌다. 바흐, 하이든, 모차르트, 베토벤, 브람스, 드보르작 등의 작품들을 그렇게 오랜 시간 들고 밖으로 나서면 귀가 먹먹하고 눈이 흐릿해졌다.

'르네상스'는 쉰 평 남짓쯤 되는 침침한 공간이었다. 하얀 벽면에는 카리스마가 넘치는 지휘자 헤르베르트 폰 카라얀과 유명한 피아니스트 빌헬름 켐프의 사진이 걸려 있었다. 여기저기서 피워대는 담배 연기가 자욱한 가운데 한쪽 눈에 늘 하얀 안대를 찬 젊은이가 음악에 맞춰 두 손으로 '지휘'를 하는 모습이 르네상스의 명물이었다.

르네상스에서 답답해지면 우리는 을지로 입구의 '아폴로'로 자리를 바꾸었다. 그곳은 실내가 비교적 밝고 분위기가 르네상스처럼 무겁지 않으나 보유한 음반의 수와 장르에서 크게 뒤졌다.

그렇게 두어 달을 보내다가 클래식 음악에 진력이 난 우리는 서린동 뒷골목의 세시봉을 찾아갔던 것이다. 디셰네*에도 더러 갔다.

나는 그렇게 음악감상실을 바꾸어 다니다가 세시봉에서 조영남을 알게 되었다.

세시봉에서 다양한 행사를 주관하던 이는 당시 경음악평론가라는 칭호를 쓰던 이백천 선생이었다. 그는 서울대 문리대 영문학과를 졸업하고 대중음악계로 진출한 특이한 인물이었다. 1933년생인 그는 해군 군악대 시절부터 앨토 색소폰을 연주하기 시작해서 미8군 쇼 무대에도 섰다고 한다. 이 선생에 관한 이야기는 뒤에서 다시 하겠다.

우리가 조영남을 알게 된 시기에 세시봉 무대에 자주 서던 '무명

---

* 그때 간판에는 디쉐네라고 적혀 있었다. 독일어 Die Schone는 미인 또는 아름다움이라는 뜻이다.

가수들' 가운데는 박상규·장영기 씨가 있었다. 그들은 KBS 전속 가수라고 했다. 두 사람은 당시 「불나비」라는 노래로 한창 인기를 누리던 김상국 씨와 함께 '송아지 코메츠'라는 트리오를 구성해서 세시봉에서 자주 연주를 했다. 그런데 두 사람은 개성이 아주 강하고 목소리가 걸걸한 김상국 씨와는 호흡이 잘 맞지 않아 나중에 2인조로 독립했다.

 박상규 씨는 1970~1980년대에 가수 겸 텔레비전 프로 진행자로 크게 인기를 누렸고 장영기 씨는 코코 장에 이어 장우라고 개명한 뒤 은은하고 정감이 넘치는 노래로 많은 팬을 확보했다.

# 세시봉의 정규 프로가 된 '대학생의 밤'

우리는 조영남과 가까워진 뒤 세시봉에 더 자주 가게 되었다. 그런데 분위기가 어쩐지 어수선하고 야릇한 데가 있었다. 가만히 보니 언제나 가운데 자리들을 차지하고 있는 '한량들' 때문이었다. 그들 가운데는 주먹깨나 쓰는 청년도 있었고 젊은 기분으로 그들과 어울리는 사람들도 섞여 있었다. 그들이 모여 있는 곳에서는 늘 자욱하게 담배 연기가 피어오르는가 하면 듣기 거북한 상소리가 자주 들려왔다.

어느 날 나는 디스크자키인 구자홍에게 이렇게 제안했다.

"우리나라 대학생들이 밝고 즐겁게 음악을 듣고 공연을 볼 장소가 마땅치 않은데 세시봉에서 한 주 한 번씩 '대학생의 밤'을 열면 어떨까요? 각 대학의 밴드와 노래패를 부르고 프로 연예인과 지식인들도 초청하면 좋을 텐데요."

그는 흔쾌히 동의하면서 사장님●에게 그 아이디어를 전달하겠다고 약속했다. 그분은 이북 사투리를 짙게 쓰는 60대 초반의 노인으로 세시봉에 '상주'하는 한량들을 늘 못마땅하게 여기는 표정이었

● 당시에는 '주인아저씨'라고 불렀다.

다. 어떤 날은 그들의 자리로 가서 '담뱃불 끄고 욕지거리도 하지 말라'고 고함을 치기도 했다.

구자홍이 '대학생의 밤 기획안'을 전하자마자 사장님이 뜻밖에도 나를 보자고 했다. 나는 내가 정리한 계획을 자세히 말했다.

"매주 금요일 저녁 6시부터 '대학생의 밤'을 시작하면 좋겠습니다. 손님이 제일 적을 때니까요. 입장료는 보통 때처럼 받고 아마추어든 프로든 일정한 출연료를 지급해야 합니다. 섭외와 진행은 제가 맡아서 하겠습니다."

지금 생각해도 신기한 것은 대학 3학년생에 불과한 풋내기가 '거창한' 사업계획을 제안했는데 그렇게도 완고한 노인이 선뜻 그것을 받아들였다는 사실이다. 그런 과정을 거쳐서 1966년 늦은 봄에 첫 번째 대학생의 밤이 열리게 되었다.

나는 정작 그 프로젝트가 실행에 옮겨지게 되자 초긴장 상태에 빠졌다. 맨 먼저 출연자 섭외에 나섰다. 수소문을 해보니 서울 여러 대학의 연주팀 가운데 홍익대의 '캄보밴드'가 실력이 으뜸이라고 했다. 나는 먼지가 풀풀 거리던 서교동까지 시내버스를 타고 가서 홍익대 밴드부를 찾아갔다. 리더는 기타를 치는 강근식이었다. 2011년 2월 초 MBC가 '설특집'으로 방영한 '세시봉 콘서트'에 우정 출연한 머리가 허옇게 센 그 사람이 바로 그때 대학 1학년생이었다.

대학생의 밤 제1회는 홍익대 밴드의 연주만으로 진행하기로 했다. 나는 등사기로 홍보전단(속칭 '찌라시')을 만들었다. 종이가 귀하던 시절이라 마분지에 광고문안을 찍었다. 대략 아래와 같은 내용이었다.

**서울의 음악 명소 세시봉에서 첫 번째 대학생의 밤이 열립니다.**
**대학가 최고의 실력을 자랑하는 홍익대 캄보밴드 출연.**

당시 세시봉의 좌석은 230개 정도였다. 대학생의 밤 첫날에 만석을 이루어야 앞날이 밝을 것은 분명한 사실이었다. 그런데 홍보를 맡아줄 사람이 없었다. 내가 직접 뛰어다닐 수밖에……. 나는 홍보 전단을 1,000장쯤 찍어서 등교 시간에 홍익대 정문 앞으로 갔다. 학생들에게 전단지를 주며 이렇게 부탁했다.

"홍익대 밴드가 출연하는 대학생의 밤 제1회 공연이 금요일 저녁에 열립니다. 많이 와주세요."

미술대학으로 유명한 홍익대 학생들은 신기하다는 듯이 나를 흘깃흘깃 쳐다보았다.

나는 이튿날 비슷한 시간에 이화여대 정문 앞에서 전단을 돌리기 시작했다. 여대생들의 눈길이 쏠리는 듯해서 목덜미가 빨개지는 것을 애써 참고 열심히 홍보를 했다.

마침내 금요일 저녁이 되었다. 나는 공연이 시작되기 한 시간 전부터 입구의 '기도 아저씨' 옆에서 초조하게 서성거리고 있었다. 6시까지 30분쯤 남았을까 할 무렵 대학생들이 몰려들기 시작했다. 공연이 시작되기 직전에는 좌석이 모자라서 층계와 빈 공간에 보조의자를 놓아야 했다. 350여 명의 관객이 모였으니 대성황이라고 볼 수 있었다.

사회는 홍익대 학생이던 이상벽이 맡았다. 타고난 '말꾼'인 그는 홍익대뿐 아니라 대학가에서 인기가 높은 행사 진행자였다. 나중에 그는 주간신문의 연예전문 기자를 거쳐 MBC의 '주부 가요 열창'을 진행하고 KBS '아침마당'의 얼굴로 이름을 떨쳤다.

홍익대 캄보밴드의 연주를 보고 듣던 세시봉의 관중은 열광했다. 리더인 강근식은 기타 솜씨가 뛰어날 뿐 아니라 작곡과 편곡에도 훌륭한 소질을 지녔다. 그는 1960년대 말 TBC(동양방송)가 주최한 '전국 대학생 재즈 페스티벌'에 홍익대 밴드를 이끌고 나가서 우승함으로써 유명해졌다. 1970년대에는 이장호 감독의 영화 「별들의 고향」에서 이장희와 함께 음악을 담당했다. 영화음악가로 이름을 알리게 된 강근식은 그 뒤 셀 수 없이 많은 광고음악을 작곡하기도 했다.

"조영남! 조영남!"

홍익대 밴드의 연주가 끝나자 객석에서 외침이 들리기 시작했다. 맨 앞자리에 앉아 있던 그를 알아본 어떤 젊은이가 그렇게 연호하기 시작하자 다른 사람들이 합세해서 소리가 갈수록 높아졌다. 조영남은 예의 그 멋쩍은 표정으로 뒤통수를 긁으며 무대로 올라갔다.

관중은 「돈 워리 어바웃 미」와 「시 오브 허트브레이크」를 주문했다. 조영남은 혼자서 피아노를 치면서 두 곡을 이어 불렀다. 세시봉 실내가 터져나갈 듯이 환호성과 박수 소리가 울렸다. 앙코르가 멈추지 않아 그는 대여섯 곡을 더 불렀다. 그렇게 뜨거운 열기 속에서 첫 번째 대학생의 밤은 끝났다.

사장님의 얼굴은 벌겋게 상기되어 있었다. 가장 한산하기 마련인 금요일 저녁에 그런 이변이 일어나서 그랬을 것이다. 손님들이 모두 나간 뒤에 그분은 "고생 많이 했어." 하면서 내 등을 두드렸다. 그리고 봉투 하나를 건네주었다. 나는 조영남, 구자흥, 그리고 몇몇 친구들과 함께 서린동 낙지집으로 갔다. 평소에는 궁해서 엄두도 못 내던 낙지볶음을 푸짐하게 먹고 맥주까지 실컷 마실 수 있었다.

첫 번째 대학생의 밤을 성공적으로 마치고 나니 당장 다음주에 열릴 제2회 공연이 마치 내일 일처럼 느껴졌다. 나는 여러 대학의 아마추어 음악인들에게 들어보고 나서 서울대에 '엑스타스'라는 4인조 밴드가 있다는 사실을 알 수 있었다. 문리대와 공대 학생들이 함께 하던 그룹이었다. 리더는 문리대 중문학과 2학년생인 김하중(전 통일부 장관)이었다. 교정에서 그를 만나 지난주에 처음 열린 대학생의 밤에 관해 설명을 하고 출연을 부탁했더니 밴드 멤버들과 상의하겠다고 대답했다. 김하중한테서 몇 시간 뒤에 전갈이 왔다. 흔쾌히 출연하겠다는 것이었다.

대학생 밴드만으로는 무언가 부족할 듯해서 '명사와의 대화' 시간을 갖기로 했다. 맨 처음에 생각나는 분이 당시 동아일보사 문화부 차장으로 일하시던 최일남(소설가, 전 한국작가회의 이사장) 선생이었다. 그분이 국문학과 선배여서 부탁을 드리면 나와주시리라고 기대하고 동아일보사로 찾아갔다. 내 설명을 듣고 나더니 그분은 '소한테 물린 듯이' 나를 쳐다보셨다. '그렇게 어지럽고 시끄러운 곳에 내가 가서 무슨 이야기를 할 수 있겠느냐'는 듯한 표정이었다. 그러나 내가 하도 간곡하게 당부를 드리면서 '새로운 젊은 문화'를 만들어야 한다고 주장하니 마지못해 응낙을 했다.

두 번째 대학생의 밤은 제1회 못지않게 열띤 분위기에서 진행되었다. 공부만 하는 줄 알았던 서울대생들이 엘비스 프레슬리와 비틀즈의 곡들을 미친 듯이 연주하는 모습을 보고 관중이 모두 일어서서 기립박수를 보내기 시작했다.

최일남 선생과의 대화가 시작되자 객석은 조용해졌다. 그 당시 사회문제가 되어 있던 '퇴폐문화'를 화두로 삼아 대학생들이 어떻게 하면 주체적으로 즐거운 문화생활을 할 수 있는가에 관한 대담이 끝나자 여기저기서 손을 들고 질문을 하겠다는 젊은이들이 많이 보였다.

그날 밤 마지막 무대는 조영남, 박상규, 장영기가 함께 피아노와 기타를 치면서 노래하는 것으로 끝났다. 객석은 열기로 가득 찼다.

제3회 대학생의 밤부터는 공연과 더불어 '쌍쌍 노래자랑'과 가벼운 퀴즈를 진행했다. 그날 가장 인상적인 출연자는 서유석이었다. 나중에 통기타 가수 겸 라디오방송 진행자로 유명해진 그는 성균관대 핸드볼 팀의 골키퍼였다. 나는 그의 경기를 직접 보면서 엄청난 순발력에 깜짝 놀랐다. 서유석은 밥 딜런의 「바람에 실려서 Blowin' in the wind」를 비롯한 미국 포크송을 여러 곡 불러 뜨거운 갈채를 받았다.

제4회부터는 내가 홍보전단지를 들고 대학가에 가서 뿌릴 필요가 없어졌다. 당시 세시봉에 자주 와서 출연자들과 대담을 하고 젊은이들의 생각과 삶을 열심히 보도하던 한국일보사 연예전문기자 정홍택 선생이 '대학생의 밤'을 신문에 상세히 보도하였기 때문이

서유석, 「서유석」, 한국음반(주), 1986

다. 그리고 TBC의 인기 높은 프로이던 '쇼쇼쇼'의 AD 조용호 선생도 큰 도움을 주었다.

'대학생의 밤'이 1966년 가을로 접어들면서 '세시봉 사람들' 1세대라고 부를 수 있는 모임이 이루어졌다. 연세로 보아 맨 위는 이백천 선생이었다. 그다음은 세시봉에서 열리는 다양한 공연과 모임에서 진행을 맡던 피세영 씨였다. 그는 우리의 고등학교 시절 국어교과서에 실린 '수필'이라는 글로 유명했던 피천득(당시 서울대 사대 교수) 선생의 장남으로서 라디오 방송에서 디스크자키로 인기를 누리고 있었다.

그다음은 세시봉에 고정 출연하다시피 한 박상규·장영기 씨로서 우리 또래보다 서너 살 위였다. 바로 아래가 구자홍, 조영남, 나였다. 이상벽도 세시봉에서 사회자로 얼굴을 알리면서 세시봉 사람이 되었다.

나는 1967년 봄에 4학년이 되고 나서 곧바로 대학생의 밤에서 물러났다. 한 해 가까이 그 일 때문에 강의에 빠진 적이 하도 많아서 교수님들이 졸업을 시켜줄지 걱정된 때문이다.

진로에 대한 고민도 했다. '대학생의 밤'을 진행하다 보니 방송국 PD가 아주 재미있는 직업이라고 생각되었다. 그러나 나는 결국 신문기자의 길을 택했다.

# 야간 통행금지 시절의 세시봉

우리나라에서는 조선 시대부터 도성과 국경 부근에서 '야간 통행금지' 제도가 실시되었다. 인정이 울리는 밤 10시 30분부터 파루(새벽 4시 30분)까지였다.

1945년의 8·15 해방 뒤 9월 7일부터 '미군정 포고 1호'에 따라 서울과 인천에서 밤 8시부터 새벽 5시까지 야간 통행을 금지하다가 한국전쟁 이후 전국으로 그 제도가 확대되었다. 1955년부터는 '경범죄 처벌법'을 근거로 내무부 장관이 통행금지를 실시했다. 자정부터 새벽 4시까지였다.

MBC에서 방영한 '세시봉 친구들'과 '세시봉 콘서트'를 보고 감동했다는 이들 가운데서 40대 이상은 통행금지를 또렷이 기억할 것이다. 전두환 정권이 1982년 1월 5일 그 제도를 폐지했기 때문이다.

야간 통행금지는 30년 남짓 동안 대한민국 사람들의 삶과 문화를 지나치게 제약했다. '안보와 질서' '건전한 생활'을 보장한다는 것이 취지였겠지만 실제로는 강압적으로 국민의 기본권을 제한한 것이었다. 통금을 알리는 사이렌이 울린 뒤 경찰이나 야경대원에게 잡히면 어김없이 파출소나 지서로 끌려가서 경범죄 위반으로 즉결심판을 받아야 했다. 그래서 밤 11시 가까이 되면 술을 마시던 사람은 자리를 파하고 급히 버스나 택시를 타려고 달려 나갔다. 그 시간대에 서울 명동, 종로, 을지로 일대는 '귀가 전쟁'으로 북새통을 이루었다. 부산, 대구를 비롯한 대도시들도 마찬가지였을 것이다. 제때 집에 돌아가지 못한 사람들은 여관에 들어가서 자거나 골목길에서 새벽 4시까지 숨어 있어야 했다. 게다가 그 시절에는 웬만큼 잘 사는 집 말고는 전화가 없어서 통금에 걸린 남편이나 아내는 전전긍긍할 수밖에 없었다.

야간 통행금지는 음악감상실 세시봉에 특이한 '심야 문화'를 선사했다. '대학생의 밤'이 금요일 9시 반쯤에 끝나서 정리를 하고 나면 10시 반이 넘었다. 우리가 뒤풀이를 하지 않고 헤어진 적은 한 번도 없었던 것 같다. 단골로 남은 사람은 우리가 형이라고 부르던 박상규, 장영기, 구자홍, 조영남, 나, 이상벽이었다. 이백천, 피세영 두 분도 자주 어울렸다.

서린동 또는 무교동의 식당이나 목로주점에서 술잔을 돌리다 보면 금세 통행금지 사이렌이 울렸다. 우리는 마지막 잔을 비우고 나서 소주 여러 병과 안주를 사서 세시봉으로 다시 들어갔다.

세시봉은 1층과 낮은 2층으로 이루어져 있었다. 2층이라고 해야 디스크자키실 입구 쪽으로 스무 평 남짓이었다. 우리는 거기에다 탁자와 걸상으로 상을 차려 놓고 술잔을 돌리면서 이야기를 시작했다.

대화를 주도하던 사람은 박상규 씨였다. 그는 나중에 방송을 주름잡는 진행자 겸 재담가(요즘 말로 개그맨)가 되었다. 그 무렵부터 그런 자질을 유감없이 드러내고 있었다.

"달아! 빈대떡같이 둥근 달아! 초간장이 있다면 널 찍어 먹을 텐데……. (검지와 중지를 치켜들며) 아! 젓가락이 너무 짧구나!"

40년도 훨씬 넘은 일이라 기억이 희미하지만 지금도 생각나는 박상규의 '레퍼토리'는 이런 것들이었다.

박상규, 「스테레오 일대작 제1집」, 지구레코드공사, 1975

'충청도 어딘가에서 면장 선거에 출마한 짐(김)봉팔 씨의 연설'

'지방 사투리를 심하게 쓰는 처녀가 라디오방송의 노래 신청 시간에 전화를 걸어 톰 존스의 키푸 온 난닝구(키프 온 러닝)를 들려달라고 부탁하는 장면'

조영남은 그런 재담을 들으면서 배를 잡고 웃다가 나중에는 대굴대굴 굴렀다.

어떤 날 밤에는 박상규, 장영기, 조영남이 무대에 올라가서 몇 시간 동안이나 피아노와 기타를 치며 노래를 부르기도 했다. 지금 생각해 보면 그들이 장차 대중 속으로 들어가기 위한 좋은 연습장이 바로 그곳이었던 것 같다.

그렇게 웃고 떠들고 노래하다 보면 어느새 새벽이 되곤 했다. 우리는 밤새 어지러워진 세시봉 2층을 정리하고 동이 터오는 거리로 나섰다. 주로 청진동 해장국집 골목으로 자주 갔다. '원조'라는 간판이 붙은 그 식당의 맏아들이 우리 또래로 세시봉의 단골이었다.

그가 카운터를 지킬 때는 국밥과 해장술을 덤으로 주기도 했다.

그 시절에 야간 통행금지가 없는 날이 더러 있었다. 크리스마스이브가 그런 날이었다. 지금도 그렇지만 그날이 되면 젊은이들은 들뜨기 마련이었다. 세시봉에서는 젊은 연인들을 위해 특별공연을 마련했다. 바쁜 가운데도 최희준, 패티김, 유주용, 위키리, 남진 같은 가수들이 잠깐이라도 들러서 노래를 불러주었다.

내가 가장 인상 깊게 본 것은 신중현이 이끄는 '애드 포'의 공연이었다. 당시 세계적으로 폭발적인 인기를 누리던 엘비스 프레슬리처럼 옷을 입은 신중현은 자유자재로 기타를 연주했다. 유난히 키가 작은 그는 몸을 수그리고 장대처럼 큰 한 멤버의 가랑이 사이로 지나가면서 기타를 쳤다. 그야말로 신기神技라고 표현할 수밖에…….

크리스마스 이브 공연이 밤 10시쯤 끝나면 세시봉은 다시 우리의 독차지가 되었다. 그날은 이런저런 인연에 따라 여자들도 몇 사람 참여했다. 이백천·피세영 선생이 연기자나 가수들을 대동하고 오기도 했고 아직 무명이었지만 서울대 음대에서 여학생들 사이에 인기가 높던 조영남이 '여친'을 초대하는 적도 있었다. 그 무렵에는 트위스트가 한창 유행했기에 처비 체커가 부르는 「레츠 트위스트 어게인」이나 벤처스의 「샹하이 트위스트」 같은 곡에 맞추어 스무나문 명이 신나게 춤을 추었다.

돌이켜 보니 그때로부터 45년이 흘렀다. 스물한 살에서 서른다섯 살 사이에 있던 '세시봉 사람들'이 이제는 만 65세를 훌쩍 넘어 지하철을 '거저' 타는 '지공선사' 아니면 팔순을 바라보는 노인이 되어버렸다. 그 시절이 그리운데 돌아갈 수 없으니 더욱 그리워질 뿐이다.

이 책을 한창 쓰고 있던 2011년 3월 10일 오전 10시, 나는 텔레비전 채널을 돌리다가 낯익은 얼굴을 발견했다. 세시봉 시절에 '형'이라고 부르던 박상규였다. KBS 2TV의 '여유만만'이라는 프로가 막 시작된 참이었다.

뇌졸중으로 두 번이나 쓰러졌던 박상규가 아내 한영애 씨와 나란히 앉아 있는 장면이 화면에 잡혀 있었다. 곰곰이 생각해 보니 내가 그를 마지막으로 만난 것은 1980년대 후반 서울 강남 제일생명 건물(지금은 교보생명) 뒤편 골목에 있던 '막내'라는 주점에서였다. 그때 그들 부부가 운영하던 식당 겸 술집이었다. 꽤 넓은 홀은 저녁때만 되면 손님으로 붐볐다.

박상규는 그 시절 가수로서뿐 아니라 방송 프로그램 진행자로 인기가 절정에 올라 있었다. MBC '일요 큰잔치'를 비롯해서 시청률이 높은 여러 프로에 출연하는가 하면 '밤무대'에도 가장 많이 서는 연예인 가운데 한 사람이었다.

'막내'는 남진, 나훈아, 조용필, 최백호를 비롯한 그의 후배 가수들이 단골이어서 그들을 보려고 일부러 찾아오는 손님들도 많았다. 세시봉 시절에 나는 물론이고 박상규, 장영기, 조영남도 주머니가 늘 비어 허기가 져 있던 일을 생각하면서 '저 형이 예능뿐 아니라 사업에도 소질이 있었구나' 하고 생각했다.

그는 1997년에는 MBC의 '토요일 토요일 밤에', KBS의 '박상규 원미연의 우리는 핸들가족' 그리고 2000년에는 '임성훈 안연홍의 비디오 쇼'에 고정 출연했다. 그런데 어느 날부터인가 그의 모습이 텔레비전에서 사라졌다. 수소문해보니 그가 주점을 인천으로 옮겼다는 것이다. 그것이 내가 그에 관해 들은 마지막 소식이었다.

그런데 그를 11년 만에 텔레비전으로 다시 보게 된 것이었다. 나는 그가 남녀 진행자들과 주고받는 이야기 내용을 들으면서 깜짝 놀랐다. 박상규는 2000년에 뇌졸중에 걸렸다고 한다. 주점 '막내'를 경영하면서 거의 날마다 손님들이 주는 소주 한 잔 두 잔을 받아 마신 것이 열 병이 넘었다고 하니 초인적인 체력이 필요했을 것이다. 그것이 탈이 되어 뇌졸중에 걸린 그는 다행이 위기에서 벗어났다가 2008년에 병이 재발해서 다시 입원을 했다.

주위 사람들은 재기가 불능하다고 여겼으나 그는 기적처럼 다시 일어섰다. 보통사람들 같으면 몸을 움직이지 못하거나 다리를 절거나 말을 제대로 하지 못할 텐데 그는 성한 사람과 별 차이가 없었다. 옛날에 '따발총'처럼 쏘아대던 말투가 조금 느릿해졌을 뿐이었다.

그는 옆에 앉은 아내를 사랑이 가득한 눈길로 바라보면서 연애 시절을 회상했다. '무명가수'이던 1967년 공연을 하러 부산행 열차를 타고 가다가 앞자리에 앉은 처녀에게 '손금을 보아 주겠다'고 한 것이 인연이 되어 여섯 해가 넘게 연애를 하다가 1973년에 결혼했다고 한다.

그는 요즈음 날마다 헬스클럽에 가서 두 시간쯤 운동을 하고 오후에는 인천 바닷가를 서너 시간이나 산책한다고 말했다. 그리고 인천 송도와 서울 도심에서 큰 식당을 경영하고 있는데 남편은 서울, 아내는 인천을 맡고 있다.

그는 아내 덕에 건강을 되찾았다고 고백했다. 그는 요즘도 날마다 스무 통이 넘는 전화를 아내에게 건다고 한다.

나는 세시봉 시절에 자주 그를 만나서 밤을 함께 새우곤 했지만 '신상명세'는 잘 모르고 있었다. 인천에서 고등학교를 나와서 연세대 국문학과에 다니던 시절 럭비선수였다는 사실 정도를 들었을 뿐이다.

그날 '여유만만'에는 이상벽이 '우정출연'했다. 어김없이 세시봉 시절 이야기가 나왔다.

"저 형님은 1963년에 KBS 전속가수로 뽑혔답니다. 스무 나문 명 가운데 남자는 박상규, 장영기 두 분뿐이었대요. 저는 1966년 세시봉에서 상규 형님이 노래하시는 것을 처음 들었습니다. 해리 벨라폰테의 「섀난도」를 정말 감동적으로 부르시더군요."

박상규는 '여유만만'의 바닷가 찻집 데이트에서 아내에게 이렇

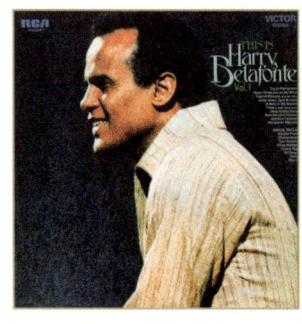

해리 벨라폰테, 「THIS IS HARRY BELAFONTE」, 1970년대

게 말했다.

"건강을 못 지킨 것이 너무 아쉽다. 당신이 보살펴 주어서 지금은 아주 좋아졌다. 앞으로는 갈매기처럼 날아다닐 거야."

나는 그가 하루라도 빨리 천직인 연예 분야로 돌아가기를 기원하면서 그의 대표곡 가운데 하나인 「친구야 친구」를 생각했다.

여보게 친구 웃어나 보게
어쩌다 말다툼 한 번 했다고 등질 수 있나
아지랑이 언덕에 푸르러간 보리 따라
솔향기 시냇가에서 가재를 잡던
아하 자네와 난 친구야 친구

# 조영남-철 들지 않는 영원한 보헤미안

나는 '대학생의 밤'에서 손을 떼고 나서 어떤 직종으로 나가야 할지를 두고 고심했다. 1967년 당시에 인문계열 학생들이 갈 수 있는 직장은 중고등학교 말고는 극소수에 지나지 않았다. 나는 교직과목을 수강하지 않았으므로 교사가 될 수는 없었다. 그렇다고 해서 외무고시나 행정고시를 통해 관리가 되기에는 전문적 지식이 거의 없었고 그렇게 되고 싶은 생각도 품고 있지 않았다.

내가 갈 길은 신문사 기자 또는 방송사 프로듀서 가운데 하나였다. 그래서 언론사 입사시험 공부를 시작했다. 7월 말이던가 동아일보를 보니 '수습기자 모집' 광고가 1면에 나와 있었다. 요즘은 '조중동'이라고 해서 이른바 '메이저 신문들' 가운데 동아일보를 맨 아래에 두지만 그 시절에는 순위가 전혀 달랐다. 신문의 질과 판매부수에서 동아일보가 가장 앞서 있었고 대우도 훨씬 좋았다.

나는 동아일보사에 지원하기로 작정하고 두어 달 동안 영어, 상식, 기사작성법을 공부했다. 운이 좋았던지 10월 중순에 입사시험에 합격해서 첫 출근할 날을 기다리고 있었다. 그때 문득 '세시봉 사람들은 어떻게 지내고 있을까' 하는 생각이 떠올랐다.

나는 대학생의 밤이 열리는 금요일 저녁 몇몇 친구들과 함께 오랜만에 세시봉을 찾아갔다. 그 프로그램은 아마추어이던 내가 관여하던 때보다 내용이 훨씬 알차고 짜임새도 탄탄해져 있었다. 이백천 선생이 주도하는 '즉흥 스테이지' '삼행시 백일장' '주간한국의 성점星點 감상실' '신곡감상회' 같은 행사들이 돋보였다.

그때 이미 세시봉은 스타를 대거 배출하려고 막 시동을 걸고 있던 참이었다. 노래를 부르거나 악기를 연주하는 젊은이들뿐 아니라 연기를 지망하는 남녀들이 거기서 때를 기다리고 있었던 것이다. 이 부분에 관해서는 「통기타군단의 '담임선생님' 이백천의 음악인생」이라는 '미니 자서전'에 상세한 내용이 소개되어 있다. 이 긴 글은 '맘 착한 토끼아찌'라는 아이디를 쓰는 분의 네이버 블로그(2005년 5월 28일자)에 전문이 실려 있다.

나는 세시봉 이야기를 쓰려고 자료를 검색하다가 이 글을 발견하고 모르던 사실을 많이 알게 되었다. 그것은 세시봉 사람들이 '대중의 바다'로 나가서 어떻게 활동했는지에 관한 보고서이기도 하다. 주요한 대목들을 살펴보자.

송창식은 기타를 치며 이탈리아 가곡 「카라 마마」 「셉템버 송」 자니 마티스의 「투엘브스 오브 네버」를 불렀다. 성당 안에 앉은 기분이었다. 기타의 통나무 소리와 클래식 발성이 참 잘 어울렸다. 윤형주는 바비 다린의 「로스트 러브」를 잘 불렀다. 감미롭고 맑은 소리였다. 흑인영가 「스칼렛 리본」도 잘 불렀다. 기독교 집안의 자제였고 찬송가가 어울리는 소리를 가진 그가 팝송을 부르면 노래들이 오리지널보다 더 신선하게 들렸다. 무대를 응시하며 그의 노래를 경청하던 학생들의 침묵이 지금도 생각난다.

이장희는 막내였다. 여드름이 많아 '해삼'이라는 별칭이 붙기도 했다. 기타를 치면서 장만영의 시 구절을 읊기도 했는데 그것이 일품이었다. 흙속에서 올라온 것 같은 부드러운 소리, 그러나 쩌렁쩌렁 울리는 맛도 있었다. 그의 큰 눈동자는 늘 눈물이 글썽했다. (……)

'즉흥 스테이지.' 하루는 단골 전유성이 정장에 파란 넥타이를 하고 와서 가위를 준비해달라고 했다. 자기가 솔로 액트를 하겠다는 것이었다. 그의 액트는 5초를 넘기지 않았다. 매고 왔던 새 외제 넥타이를 목 아래 10센티 미터 정도까지 싹둑 잘라냈다. 그러고는 꾸벅 인사를 하고 내려갔다. 그뿐이었다. 부잣집 아들 같지 않았던 전유성.

세시봉에서 아마추어로 시작해서 대중음악계로 나간 젊은이는 일일이 헤아리기 어려울 정도로 많다. 앞에 예를 든 사람들 말고도 김도향, 서유석, 김세환이 1960년대 말부터 1970년대 초반까지 가요계에 들어가서 신선한 바람을 일으켰다. '유재석 김원희의 놀러와'의 설특집 '세시봉 콘서트'에 우정출연 했던 이익균● 같은 사람만이 다른 길로 갔다.

● 송창식 · 윤형주와 트리오 세시봉을 만들었다가 곧 군 입대했다.

1967년 11월 중순 동아일보사 수습기자로 발령을 받은 나는 석 달 동안 교육을 받다가 이듬해 3월 하순 군대에 들어갔다. 대학 다닐 때 ROTC(당시 학훈단) 과정을 마치고 소위로 임관되었기 때문이다.

1968년 1월 21일 북한 특수부대(세칭 '김신조 부대')의 청와대 기습 미수 사건이 터진 뒤라서 사회 분위기는 살벌하기 짝이 없었다. 나는 광주보병학교에서 양쪽 종아리에 모래주머니를 차고 고된 훈련을 받고 있었다. 그러던 어느 날 휴식시간이 되어 연병장에서 동료들과 이야기를 나누고 있는데 본부 건물 옥상에 걸린 확성기에서 우렁찬 노래 소리가 들리기 시작했다.

밤 깊은 골목길 그대 창문 앞 지날 때
창문에 비치는 희미한 두 그림자
그댄 내 여인 날 두고 누구와 사랑을 속삭이나
오 나의 딜라일라
왜 날 버리는가
애타는 이 가슴 달랠 길 없어
복수에 불타는 마음만 가득 찼네

그댄 내 여인 날 두고 누구와 사랑을 속삭이나
오 나의 딜라일라
왜 날 버리는가
애타는 이 가슴 달랠 길 없어

복수에 불타는 마음만 가득 찼네

내가 어디서 많이 들어본 듯한 목소리였다. 순간 번개 같은 생각이 뇌리를 스쳤다.

'아, 조영남 아닌가!'

과연 그랬다. 나중에 들어보니 그는 톰 존스의 원곡을 번안翻案해서 부른 「딜라일라」 단 한 곡으로 스타가 되었다고 한다.

1968년에 TBC 프로듀서로 일했던 이백천 선생은 그 과정을 이렇게 설명했다.

"조영남이 부른 「딜라일라」가 라디오에서 히트했다. 그는 이어 단 한 번의 텔레비전 출연으로 시청자를 경악하게 만들었다. 노래의 내용은 변심한 애인이 불 꺼진 창 안에서 딴 남자와 하나 되는 것을 보고 밖에서 개탄하는 것이었다. 조영남은 텔레비전에서 그 장면을 직접 설정하고 연기했다. 웃통을 벗고 머리띠를 하고 부엌칼을 치켜들고 침대 쪽으로 다가가며 그 노래를 불렀다."

조영남은 2011년 2월 16일 밤, MBC의 '황금어장─무릎팍도사'에 출연해서 그 장면을 실제로 연기해 보였다. 윗도리를 절반은 벗은 채 칼 대신 볼펜을 들고 배신한 여인과 '새 애인'을 찌르려고 들어가는 장면을 보고 나는 웃음을 억누를 수 없었다.

'지금 만 예순여섯 살이나 된 노인의 어디에 아직도 저런 광대 끼가 살아서 꿈틀거리는 것일까?'

톰 존스, 「THE VERY BEST OF TOM JONES」, 킹레코-드사, 1968
조영남, 「딜라일라 Top Tune Show vol.37」, 신진레코드, 1970 | 조영남, 「크리스마스앨범」, 오아시스레코드사, 1971
조영남, 「트윈폴리오 크리스마스 캐롤」, 대도레코드사, 1976 | 조영남, 「조영남, 걸작선 제6집」, 유니버어살레코오드사, 1970년대

불가사의한 현상이라고 말할 수밖에 없는 일이다.

그날 '황금어장'은 밤 11시 5분에 시작되었는데 '무릎팍도사' 코너는 무려 19.2퍼센트라는 시청률을 기록했다고 한다. 그보다 한 주 전에 베스트셀러 작가 공지영이 나와서 세운 시청률 17.8퍼센트보다 높은 코너 사상 최고의 기록이었다고 한다.

조영남은 잘 알려져 있듯이 가수이자 화가이고 책을 써내는 문필가인 동시에 MBC 라디오에서 최유라와 함께 '지금은 라디오 시대'를 이끌어나가는 진행자이기도 하다. 청년 시절에 그 스스로 '나는 보헤미안'이라고 말했듯이 온갖 장르를 끝없이 넘나드는 일을 언제까지 계속할지 궁금하다.

# 송창식-천재인가 외계인인가

송창식이 세시봉에 처음 가게 된 것은 홍익대 학생이던 이상벽 때문이었다고 한다. 송창식은 고등학교 동창생이 다니던 홍익대에 살다시피 하면서 교정 잔디밭에서 날마다 기타를 퉁기고 있었다. 그 무렵에 이상벽은 이미 대학생의 밤에 고정적으로 출연하고 있었다. 송창식은 이상벽의 출연 섭외를 받고 얼떨결에 '홍익대 대표'로 세시봉에 가서 노래를 불렀다고 한다.

내가 1967년 봄에 대학생의 밤을 떠나기까지 세시봉에서 그를 본 적이 없으니 아마 그는 그 이후에 '세시봉 사람들'에 합류했음이 분명하다.

그는 세시봉에서 연세대 학생인 윤형주와 이익균을 만나서 '세시봉 트리오'를 만들었다. 그러나 얼마 지나지 않아 이익균이 군대에 가는 바람에 1968년 2월 1일 윤형주와 둘이서 '트윈 폴리오'를 결성하고 본격적으로 활동을 시작했다.

나는 조영남과는 세시봉에서 늘 함께 지냈지만 송창식, 윤형주, 김세환과는 알고 지낸 적이 없어서 여러 자료를 통해 그들에 관한 이야기를 쓸 수밖에 없다. 독자 여러분께서 너그럽게 양해해주시기 바란다.

내가 여러 매체를 검색해보니 인간 송창식과 가수 송창식의 면모를 아주 생생하게 전해주는 기사는 음악평론가 임진모의 인터뷰(네이버 블로그, 2002년 9월)와 『조선일보』 2011년 2월 19일자에 실린 「한현우의 커튼콜- Song 창식, 내 음악은 100점, 모차르트는 70점」이었다. 이 두 글을 바탕으로 송창식은 천재인지 외계인인지를 알아보기로 하자.

임진모는 송창식 인터뷰를 이렇게 시작했다.

음악이든 생활방식이든 모든 점에서 송창식은 '둘도 없는 사람'이다. 음악은 누구도 견줄 수 없을 만큼 독창적 세계를 드러낼 뿐 아니라 살아가는 모습 또한 범인凡人의 그것과 크게 동떨어져 있기 때문이다. (……)
송창식은 잘 알려져 있다시피 1970년대 우리 가요계를 완전 정복한 주인공이다. 통기타, 청바지, 생맥주로 상징된 그 시대 포크 문화를 대표하면서 그의 노래들은 모든 세대와 계층의 가슴에 메아리쳤다. 대학생들은 저항의 찬가인 양 「고래사냥」을 목 놓아 외쳤고 동네 코흘리개 아이들도 마냥 「왜 불러」를 따라 불렀으며, 나이가 지긋한 어른들도 「상아의 노래」를 흥얼거리며 트로트에서 느끼는 구수함과 애절함을 맛보았다.

"그는 포크가수 가운데 유일하게 1975년에 한 방송사의 '가수왕' 자리에 올랐다. 그렇기 때문에 1980년대가 조용필 시대, 1990

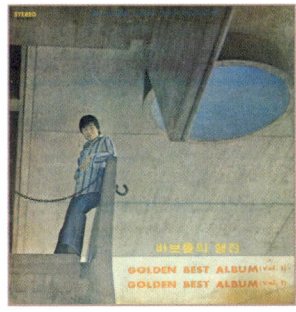 

송창식, 『바보들의 행진 golden best album vol. 1』, 성음, 1970년대
송창식, 『golden folk album vol. 5』, 대도레코드, 1974

년대가 서태지 시대라면 '1970년대는 송창식 시대였다'는 규정은 아주 자연스럽다."

송창식에게는 다양한 별명이 따라다녔다. '낭만파 시인' '저잣거리의 현자賢者'처럼 좋은 뜻을 가진 것들도 있지만 밤에만 활동한다고 해서 '밤창식' '별창식'이라고 부르기도 하고 모든 말에 의문을 제기하기 때문에 '왜창식'이라는 별명도 얻었다.

그는 '오전 5시 취침, 오후 2~3시 기상, 잠을 깬 뒤 두어 시간 동안 서서 빙빙 돌기'를 철칙으로 삼고 있다. 그러니 오후 5시나 되어서야 일을 시작할 수 있을 것이다.

송창식은 1947년 인천에서 태어났는데 경찰관이던 아버지는 그가 세 살 때이던 1950년 한국전쟁에 나가 전사했다. 어머니는 3년 뒤 그를 할아버지 집에 맡기고 가출했다.• 그는 할아버지와 삼촌 집을

• 송창식은 유명한 가수가 된 뒤 어머니와 재회했다.

전전하며 어린 시절을 보냈다.

그는 초등학교에 입학해서 노래에 취미를 붙이자마자 '노래와 악보의 관계'를 금세 파악해 1년 만에 작곡을 할 수 있었다. 그는 인천중학교에서 공부를 잘했다고 한다. 집안 어른들이 제물포고교에 가라고 권했으나 서울예고 성악과로 진학했다.

"예고에선 실기 80점 미만이면 낙제인데 학생마다 레슨 선생한테 따로 돈 내고 배우고 그 선생님이 실기시험을 추천하게 돼 있어요. 1학년 1학기 때는 유명한 테너였던 선생님이 무료로 가르쳐줬는데 이분이 미국으로 이민을 갔어요. 2학기 때부터 레슨비를 못 내니까 가르쳐줄 선생님이 없었고 자연히 실기시험을 못 보게 됐죠. 2학년 2학기 때까지 실기가 계속 빵점이니까 학교에서 유급 통보 엽서가 왔어요. 그 길로 학교에 안 나갔죠."

송창식은 세시봉 무대에 처음 섰을 때 도니제티의 오페라 「사랑의 묘약」에 나오는 아리아 「남 몰래 흐르는 눈물」을 불렀다. 아는 팝송이 하나도 없었기 때문이다. 얼마 뒤 그는 이화여대 강당에서 조영남의 공연을 보면서 깜짝 놀랐다고 한다. 톰 존스의 「그린 그린 그래스 오브 홈」(고향의 푸른 잔디)라는 노래에서 엄청난 감동을 받았던 것이다. 그는 바로 그날 '팝송에 붙어야겠다'는 결심을 하고 며칠 뒤 윤형주와 트윈 폴리오를 만들었다.

그는 트윈 폴리오 활동을 오래 하지 않고 듀엣을 해체한 이유를 이렇게 설명했다.

"사실 결성할 때 '윤형주는 의대생이니까 관둘 것이다'라고 생각했어요. 1969년 초에 『하얀 손수건』 음반을 낸 뒤 리사이틀을 앞두고 기자회견을 하는데 윤형주가 '이번을 마지막으로 트윈 폴리오는 끝이다'라고 말하는 거예요. 트윈 폴리오가 인기 최고니까 돈도 좀 벌어야 했는데……. 그 뒤에 솔로로 데뷔한 거죠."

송창식은 인터뷰를 할 때마다 꾸밈없이 자기 생각을 밝힌다.

그는 '서울예고를 중퇴하지 않고 유학까지 갈 수 있었다면 정명훈을 능가하는 지휘자가 됐을 것'이라고 단언했다. 그리고 독창적인 음악관을 이렇게 요약했다

"서양 음계는 고대 수학자인 피타고라스가 정리한 거예요. 그런데 국악을 분석해보니 꼭 그걸 따를 필요가 없다는 걸 알았죠. 그동안 배운 걸 모두 버리고 나만의 음악 이론을 만들었어요. 지금 내 음악에 비하면 서양 음악은 아주 하잘것없는 음악이죠. 바흐, 베토벤, 브람스, 모차르트 모두 기능적으로는 훌륭한 음악을 했지만 한 70점쯤 되는 음악이에요. 동양 음악도 똑같은 음악인데 그걸 몰랐으니까요. 내가 클래식을 했다면 이런 이론은 만들 수가 없어요. 내 음악은 100점짜리 음악이에요."

송창식은 이런 음악 이론을 바탕으로 「피리 부는 사나이」에서 한 소절, 「왜 불러」에서 두 소절, 「고래사냥」에서 세 소절 식으로 국악을 갈수록 많이 도입했다고 한다. 이렇게 음악 창작을 하는 그는 서양의 클래식 음악가들을 단순히 폄하하려는 것이 아니라 주체성과 독창성을 가진 '우리 음악'을 강조하는 것 같다.

송창식은 트윈 폴리오를 해체한 뒤 윤형주와의 관계를 이렇게 전

했다.

"윤형주와 내가 다른 것은 분명합니다. 개인적인 삶의 접근법도 차이가 났지만 내가 트윈 폴리오를 멀리 했던 것은 음악적인 이유 때문이었습니다. 저는 솔로 이후 가창부터가 달라졌지요. 그러나 대중은 트윈 폴리오에 대한 향수를 불러일으키는 예전의 음악을 원했고 윤형주는 미성의 패턴을 그대로 간직하고 있었죠.

10년이 지나 트윈 폴리오를 재결성했지만 그 차이로 인해 짜증이 날 정도였어요. 솔로로 내가 열심히 음악을 했지만 대중은 저와 트윈 폴리오를 함께 기억했고 때로 트윈 폴리오를 나보다 더 기억에 두고 있다는 사실도 저를 불편하게 했습니다. 때문에 곧바로 다시 갈라서게 된 거죠. 근래 포크 빅3 공연 등 수차례 같이 노래하고 있듯 일반의 선입견과 달리 인간적인 트러블은 없습니다."

송창식은 저항가요에 대해 약간 부정적이라고 고백했다. 음악가는 음악이 우선이기 때문에 사고와 고민, 시대와 사회에 대한 관점을 음악이라는 그릇에 '용해'시켜야 한다는 것이다. 그래서 그는 '브람스 수준의 천재'라고 생각한 김민기가 저항적으로 변했을 때 안타까워했다고 한다.

어쨌든 송창식은 2010년 가을부터 이듬해 설까지 거세게 불어닥친 '세시봉 친구들' 열풍 때문에 대중의 바다에서 헤어날 수 없게 되었다.

나는 송창식이 천재 아니면 외계인이라고 생각하지 않는다. 그는 '천재적 한국인'일 뿐이다. 갈수록 어둡고 암담해지는 현실 속에서 그가 '한국인의 삶과 역동성'을 어떻게 노래할지 지켜볼 일이다.

# 윤형주 - 음악과 사업을 겸하는 장로님

1947년생인 윤형주의 집안에는 유명한 윤동주(1917~1945) 시인이 있었다. 그는 윤형주의 아버지 윤영춘(1912~1978) 박사의 당질(5촌조카)이다. 따라서 윤동주는 윤형주의 6촌형이다. 두 분은 일제강점기 조선인들이 많이 이주해서 살던 북간도 용정의 명동촌에서 함께 살았다.

명동촌에서 윤동주보다 한 해 뒤에 태어나서 소꿉동무로 자라면서 명동학교에서 함께 공부한 분이 문익환(1918~1994) 목사였다. 그의 삶을 기록한 『문익환 평전』(김형수 지음)에는 두 친구의 이야기가 이렇게 적혀 있다.

> 벌판의 앙상한 가지들은 삭풍에 울고 찬란한 설야엔 옥색 얼음판이 굽이굽이 뻗으며 선바위골로 빠지는 풍경 속에서 문익환은 겨울 동화를 살았다. 친구 윤동주, 송몽규, 김정우와 함께 아버지가 장로로 있는 주일학교를 다니며 성탄 때는 교회당 옆의 윤동주 집에서 새벽송 준비를 하고 밤 새워 꽃종이를 만들었다.
> 
> (131~132쪽)

윤동주는 불과 6개월 뒤에 찾아올 해방의 날을 맞지 못했다. 용정에 사망 통지서가 날아온 것은 1945년 2월 셋째 주 일요일이었는데, 어른들은 교회에 가고 집에는 아이들뿐이었다. 때마침 동생 윤일주가 집에 있어서 교회에 달려가 허둥지둥 전보를 알렸다. (…) 북간도에서 일본 후쿠오카까지 가자면 미군의 맹폭에 시달리는 현해탄을 건너야 했다. 게다가 본토에 퍼붓는 공습은 거세고, 북간도의 농민이 여행 수속과 도항증을 내는 것도 보통의 일이 아니었다. 까닭에 아버지 윤영석과 당숙 윤영춘이 위험을 뚫고 나섰을 때 이웃들은 오히려 죽은 아들보다 살아 있는 아버지를 염려했다. (224쪽)

윤형주가 MBC의 '세시봉 콘서트'에서 '아버님이 동주 형님의 유골을 안고 돌아오셨다'고 말한 것이 바로 위의 구절이다. 윤형주의 아버지와 윤동주 시인은 당숙과 당질 간이었지만 나이 차가 겨우 다섯 살밖에 되지 않아 동무처럼 지냈을 것이다.

윤영춘 선생은 니혼日本대학 법문학부를 졸업하고 미국 프린스턴대 대학원에서 공부를 계속했다. 일본 메이지학원에서 교편을 잡고 있던 그는 당질인 윤동주가 체포될 무렵 '사상 불온'으로 옥고를 치르고 귀국해서 동국대 강사를 거쳐 경희대 초급대와 산업대 학장을 역임했다. 1937년 『신동아』의 신춘문예 시 부문에 당선된 뒤 『무화과』 등 시집과 『중국문학사』를 비롯한 저서들을 냈다.

여섯 살 적부터 고아나 다름없이 자란 송창식에 비해 윤형주는 유복한 환경에서 '엘리트의 길'을 걸었다. 경기고를 나오고 연세대

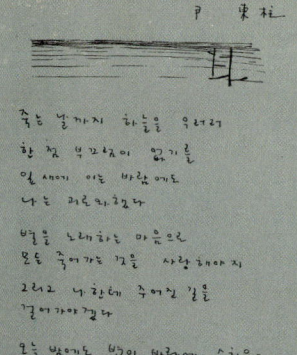

「윤형주 리싸이틀」에 윤형주는 윤동주의 「서시」를 친필로 썼다.

대학 입학 선물로 어머님이 나에게
기타를 사주신 날 밤, 나는 잠을 하나도
이루지 못했습니다.
칠 줄도 모르는 기타였지만 내 꺼라는
기쁨 때문이었을 겁니다.

중학교 1학년 때, 조용하게 생기신 국어선생님이
들려준 시 중에 이런 것이 있습니다.
―나는 빨리 커서 어른이 될 테야 그래서
내 장난감에 손을 대는 놈들을 혼내줄 테야―

'솔직히 말해서'란 말을 나는 곧잘 씁니다.
그러니까 '솔직히 말해서'란 말 전에 한 말은
다 거짓말입니다.

내가 좋아하는 것은 김치찌개, 갈비탕, 중국영화,
긴 머리, 미니스커트, 찬송가, 낙서, 뜨거운 홍차,
노란 장미, 떠드는 것들입니다.

내가 좋아하는 사람은 내가 막 얘기할 때
조용히 들어주는 사람입니다.

내가 꼭 한번 가고 싶은 곳은
내가 서 있는 것이 퍽 미안스러워 할 만큼
내가 발을 내 딛는 것이 죄를 짓는 것처럼
느껴질 눈이 끝없이 펼쳐있는 어느 하이얀
광야입니다.

내가 좋아하는 고전음악은 베토벤의
「황제」입니다.
잠이 안 오는 밤에는 그 음악을 듣는 걸
퍽 좋아합니다.
그런 밤엔 조그만 창을 통해서
'카시오페아'가 보이면 더욱 기분이 좋아집니다.
눈이 큰 아이는 무서움을 잘 탄다고 했습니다.
그래서 바람이 몹시 부는 날 밤이면
벽에 걸려 있는 옷가지들이 막 춤을 추는 것 같아
밤새 잠을 못 잔 어린 날도 있었습니다.

국민학교 2학년 땐가 학교에서 우유가루를
배급받던 일이 있습니다.
얼굴이 동그마한 여자 담임선생님은
나의 비닐 봉지에 남보다 좀 많이 우유가루를
넣어주었습니다.

그게 그렇게 즐거웠습니다.
헌데 그 우유가루로 해서 이틀이나 학교를
쉬어야 했습니다.
배탈이 몹시 났던 때문이었습니다.
하도 배가 아파 막 울었습니다.

아버님은 시를 퍽 많이 알고 계십니다.
그분이 내게 들려준 시 중엔 이런 것이 있습니다.
―10년의 평화보다는 한 시간의 전쟁이 났다―

아버님이 쓰신 사랑에 관한 시를 우연히
어느 시집에서 발견했습니다.
아버님은 사랑을 해본 분 같이 느껴지지 않기
때문에 신기해서 여쭤보았습니다.
이 사랑의 시를 쓰게 된 대상이 어머니가
아니었냐고 물었을 때, 그 분은 그냥 웃고만
계셨습니다.
지금 생각해도 좀 수상쩍습니다.

내가 노래 부르기를 참 잘했다고 생각한 것은
두 해전 어느 불쌍한 고아들 앞에서 동요를
불렀던 때입니다.

그 애들은 퍽 좋아했습니다.
그런데 이상한 건 그 애들보다 내가 더 고아처럼
느껴졌단 사실입니다.
요즈음은 그 애들이 자꾸 보고 싶어집니다.

만화책을 너무 열심히 읽어서 눈이
나빠졌을 거라는 친구들의 농담에
나는 곧잘 화를 내곤 합니다.
나의 눈이기도 한 나의 안경은 나의 얼굴 구조에
퍽 잘 어울린다는 것은, 내가 거울 통해 내 얼굴을
볼 때마다 느낍니다.
잘 때는 꼭 안경을 쓰고 잔다는 농담을
나는 곧잘 합니다.
그래야 꿈이 잘 보이니까요.

아마 내가 일흔 살까지 살게 되어 손자 놈쯤
서너 둘 쯤 있다면 그 놈들은 이 할아버지가
젊었을 때 노래를 불렀단 얘기를 듣곤
나의 눈보다 더 큰 눈으로 놀랄 것 같습니다.
그 때의 나의 곁엔 할머니가 함께 있어주어서
내 편을 거들어주었으면 더욱 좋겠습니다.

효창국민학교 1학년 때
친구 이현표와 함께한 윤형주(왼쪽)

의예과를 다니다가 경희대 의대로 편입했으니 한국 사회에서 보통사람들이 부러워할 학력이다.

고등학교 시절 교회 성가대원이었던 그는 베이스 파트의 조영남이 부르는 미국 대중가요 「카튼 필즈」(목화밭)를 듣고 천지가 개벽하는 듯한 충격을 받았다고 한다. 그래서 기타를 한 번 만져보려고 조영남을 따라다녔지만 뜻을 이루지 못하다가 대학에 들어간 뒤에야 아버지에게 간청을 거듭한 끝에 겨우 통기타를 품에 안을 수 있었다.

윤형주는 1967년 세시봉에서 송창식, 이익균과 세시봉 트리오를 결성했다가 이익균의 군 입대 때문에 트윈 폴리오로 다시 출발했다. 송창식이 말했듯이 그는 타고난 '미성' 때문에 여성적이라는 지적을 받기도 했다. 그러나 '세시봉 콘서트'에서 조영남이 한 말처럼 트윈 폴리오는 세계 최고의 듀엣이라는 평가를 받던 '사이먼 앤 가펑클'에 못지않은 화음과 뛰어난 음악성을 지니고 있다는 평가를 들었다.

트윈 폴리오를 해체한 뒤 그는 학업으로 돌아갔다가 오래지 않아 솔로로 나섰다. 그 시절의 윤형주에 대해서는 조규익 숭실대 교수의 「아, 윤형주!」라는 글('백규서옥 Blog ver.', 2011년 2월 13일자)이 좋은 참

고가 될 것이다. 아래에 주요한 대목 몇 군데를 소개하겠다.

그때 윤형주는 젊은 여성들의 로망이었다. 당시 우리나라 인구가 3,000만이라 했다. 그중 반은 1,500만의 여자, 그중의 반에 해당하는 750만의 젊은 여성들은 모두 윤형주의 팬이었다. 전 인구의 4분의 1이 윤형주를 바라보며 가슴앓이를 하던 형국이었으니, 그로서 무엇 때문에 대통령을 부러워했으랴? 같은 남자로서 그의 여성적인 목소리를 그다지 좋아하지는 않았으나 「하얀 손수건」, 「축제의 노래」, 「웨딩 케익」, 「슬픈 운명」, 「비와 나」, 「조개껍질 묶어」, 「비의 나그네」, 「두 개의 작은 별」, 「우리들의 이야기」, 「바보」, 「고백」, 「사랑스런 그대」, 「어제 내린 비」 등 무수한 히트곡들은 어쩌면 그리도 무딘 내 감성을 못 견디게 긁어대던지! (…)

그 윤형주를 낙산의 바닷가에서 처음으로 만났다. 간헐적으로나마 방송매체를 통해 수십 년 간 만나온 그를 이번에는 수 미터 앞에서 육성으로 만나게 되었다. 가수 아닌 장로의 직함을 갖고 우리에게 달려온 그였다. 통기타를 멘 60대의 장로님. 그러나 그의 해맑은 얼굴과 음성은 젊은 시절 그대로였다. 청중석에 앉은 30대에서 60대까지의 교수들은 숨죽인 채 그의 일거수일투족을 응시했다.

그가 1947년생이라니 올해로 만 64세. 나이로 치면 청중석의 원로 교수들과 동렬이었지만 청중은 모두 40년 전인 20대로 돌아가 20대 청춘인 그의 손끝과 입술을 주목했다. 조분조분한 미성으로

  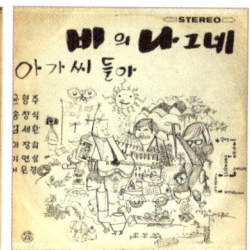

윤형주·김세환,『별밤에 부치는 노래 씨리즈 vol.3』, 유니버어살레코오드사, 1971
김세환·윤형주,『golden folk album vol. 3』, 대도레코드, 1974
윤형주·송창식·김세환·이장희·이연실·어은경,『비의 나그네』, 신세기레코드사, 1972

  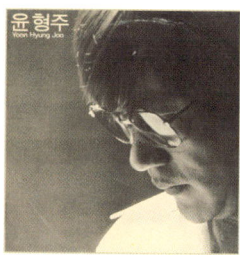

김세환·송창식·이장희·조영남·윤여정·박상규·고영수·윤의련,『윤형주 리싸이틀』, 성은레코드, 1972
윤형주,『새노래 모음』, 성은레코드, 1973
윤형주,『윤형주 Yoon Hyung Joo』, 한국음반, 1980

자신의 삶을 말하고 간간이 노래를 섞었다. 열린 무대 위에서 '말과 노래'를 적절히 엮어가며 자신의 일생을 서사적으로 짜 나갔으니, 말하자면 그를 일러 현대판 '판소리'의 창자唱者 혹은 광대라고나 할 수 있을까. 그렇게 그는 장시간 청중을 사로잡는 마력을 발휘하는 것이었다.

나는 동아일보사 기자로 일하던 1970년대 초에 야근을 하다가 자정이 넘어 퇴근하는 적이 더러 있었다. 지금 광화문 네거리에 있는 회사 정문을 나오다 보면 웬 남녀 중고등학생들이 100명도 넘게 모여 있었다. 동아방송의 심야 생방송 프로 '영시의 다이얼'을 진행하던 윤형주를 보려고 기다리는 아이들이었다. 그 가운데 당시 박정희 대통령의 아들도 섞여 있었다는 이야기는 나중에 들었다.

가수로 방송 디스크자키로 인기의 절정에 올라 있던 윤형주에게 가장 혹독한 시련이 닥쳐왔다. 1975년 12월, 검찰이 대마초 '상습 흡연자' 19명을 구속한 데 이어 가수 윤형주, 이장희, 이종용을 '습관성 의약품관리법 위반' 혐의로 쇠창살 안에 가두어버린 것이다. 그 이후 작곡가 겸 가수 신중현, 가수 김추자와 이수미, 김정호, 정훈희, 코미디언 이상해 등이 같은 혐의로 검찰에 구속되거나 불구속 입건됐다.

윤형주는 120일 동안 옥살이를 하던 중 어머니가 들여보낸 성경을 읽고 '예수를 만났다'고 한다. 그가 그 이후 독실한 기독교 신자가 되어 지금 장로로서 열심히 전도를 하고 있는 것은 잘 알려진 사실이다.

'세시봉 콘서트'에서 이장희가 밝혔듯이 윤형주는 '대마초 사건'에서 벗어난 뒤 광고음악(통칭 CM 송) 분야에 진출해서 무려 1,400여 곡이나 되는 작품을 만들었다. '하늘에서 별을 따다'로 시작하는 오란씨 광고음악을 비롯해서 셀 수 없이 많은 작품이 그의 손에서 나왔다고 한다.

그는 한빛기획 대표이사, 임파크 부회장, 인트보 부상근 부사장으로서 사업에 수완을 보이기도 했다.

# 김세환 – 노래하는 산악자전거 전도사

김세환은 '세시봉 친구들' 가운데 가장 젊다. 1948년생으로 송창식, 윤형주보다 겨우 한 살 아래지만 나이를 엄하게 따지는 장유유서 사회에서 그는 45년 가까이 막내로 지내야 했을 것이다.

내가 김세환을 처음으로 본 것은 1970년대 초 명동의 극장식 카페 오비스캐빈에서였다. 그는 널찍한 무대 위의 걸상에 걸터앉아 단아한 모습으로 기타를 치며 노래를 부르고 있었다.

사랑하는 마음보다 더 좋은 건 없을 걸
사랑받는 그 순간보다 흐뭇한 건 없을 걸
사랑의 눈길보다 정다운 건 없을 걸
스쳐 닿는 그 손끝보다 짜릿한 건 없을 걸

혼자선 알 수 없는 야릇한 기쁨
천만 번 더 들어도 기분 좋은 말 사랑해
사랑하는 마음보다 신나는 건 없을 걸
밀려오는 그 마음보다 포근한 건 없을 걸

요즈음 젊은이들이 하는 말로 '범생이'처럼 생긴 청년이 생글거리면서 부르던 그 노래는 조영남, 송창식, 윤형주의 창법과는 달랐다. 고음부에서 힘을 주지 않아도 아주 쉽게 소리가 나왔다. 나는 '어떻게 저렇게 편하게 노래를 부를 수 있을까?' 궁금했다.

옆자리에 앉은 친구가 무대 위의 김세환을 가리키며 '배우 김동원 씨 아들이야'라고 말했다. 나는 "아, 그분!" 하면서도 아들이 아버지보다 한참 상냥하게 생겼다고 생각했다.

1916년생인 김동원은 배재고등보통학교에 다니던 1932년 극작가 유치진의 지도를 받으며 유진 오닐의 「고래」로 처음 무대에 올랐다. 그는 니혼대학 예술과에 입학해서 조선 유학생들과 함께 '동경학생예술좌'라는 연극 서클을 조직해서 본격적으로 활동을 시작했다. 그는 1947년 5월 극예술협회를 창립했고 1950년부터 극단 '신협'과 국립극단 소속으로 많은 연극에 출연했다.

김세환, 『오솔길, 망향 별밤에 부치는 노래 씨리즈 vol.4』, 유니버어살레코오드사, 1971

김세환, 『golden folk album vol. 8』, 대도레코드, 1975

김세환, 『김세환 노래모음』, 유니버어살레코오드사, 1970년대

주로 미남 주인공 역을 자주 맡은 김동원은 1951년 한국에서 처음으로 공연된 셰익스피어의 「햄릿」에 햄릿 역으로 나와서 '최고의 연기'라는 찬사를 받았다. 그것은 지금도 연극계의 신화처럼 살아 있다. 그는 1950~1960년대에 「별아 내 가슴에」 「춘향전」을 비롯한 300여 편의 영화에 출연했으나 무대에서처럼 연기에 만족을 얻지 못했다고 한다.

'죽느냐 사느냐 그것이 문제로다'

1960년대 중반 남산 밑의 드라마센터(지금 서울예대 자리)에서 김동원이 햄릿으로 나와서 읊조리는 대사를 듣던 기억이 지금도 생생하다. 그는 2006년 뇌질환으로 세상을 떠났다.

대중문화평론가 이영미의 책 『한국대중가요사』(2006)에는 김세환에 관해 이런 글이 실려 있다.

『뉴팝스』 11호(세광출판사, 1971. 4)에 실린 김세환의 인터뷰 기사를 보면 그가 '인기 가수이면서 가수로 불리기 싫어' 하며 '항상 아마추어 싱어의 자세로 무대에 섰다 할 만큼 가수임을 의식하지도 않고 또 직업적인 가수임을 강력히 부정한다'고 쓰고 있다. 그는 그해 2월에 대학을 졸업했고 6월의 리사이틀을 계기로 은퇴할 것임을 밝히고 있다.

김세환이 만 23세에 은퇴했다면 사람들은 「옛 친구」 「길가에 앉아서」 「목장길 따라」 「토요일 밤에」 「좋은 걸 어떡해」 같은 곡들

을 영영 못 듣게 되었을 것이다. 그러나 그는 은퇴 의사를 뒤집고 그때부터 40년 동안 정다운 노래들을 대중에게 들려주었다.

인터넷으로 '김세환'을 검색해보면 가장 많이 나오는 것이 '산악자전거'이다.

김세환 씨는 손꼽히는 산악자전거 마니아다. 1986년 한국에 산악자전거란 개념조차 없던 시절부터 산악자전거를 탔다. 그리고 산악자전거는 김세환 씨의 제2인생을 만들어냈다. 덕분에 각종 자전거 모델로 활동했는가 하면 산악자전거 관련 책도 펴냈다. 산악자전거 스쿨에서 강사로 강의를 하는 것은 기본. '와이크 Walking&Bike' 홍보대사도 됐다. (―『MK 뉴스』, 2009년 8월 19일자)

시간이 날 때마다 산악자전거를 타고 나라 안을 돌던 김세환은 곳곳에서 만난 동호인 30여 명과 함께 '1시 반 클럽'을 만들었다. 주말마다 오후 1시 30분에 만나서 자전거를 타고 이 산 저 산을 다니는 모임이라 그런 이름을 붙였다고 한다.

김세환은 『마운틴 바이크』라는 전문잡지를 20년이 넘게 정기 구독하면서 한국에서 내로라 하는 산악자전거 애호가 겸 '전도사'가 되었다.

'세시봉 콘서트'를 보던 시청자들이 가장 많이 웃은 장면은 '야자타임'이었을 것이다. 막내 김세환은 송창식에게 '낮 밤 좀 바꾸라'고 하고 윤형주에게는 '너 후배들한테 설교 좀 그만해'라고 꾸짖었다. 그가 조영남에게 '여자관계 정리 좀 잘해, 인마'라고 말하자 방청석은 웃음바다가 되었다.

　나는 그 장면을 보고 웃다가 한편 씁쓸한 느낌이 들었다. '몇 년 뒤면 칠순이 될 조영남의 자유분방한 삶이 언제까지 계속될까?' 하는 생각 때문이었다.

# 21세기에 불어닥친 '세시봉' 열풍

2010년 9월 MBC가 한가위 특집으로 방영한 '세시봉 친구들'은 높은 시청률을 올리면서 언론의 조명을 받았다. 그런데 1960년대의 세시봉이 상징하던 음악세계가 사회문화적 담론의 주제로 발전한 것은 2011년 2월 초에 같은 방송이 속편으로 제작해서 보여준 '세시봉 콘서트' 때문이었다.

신문과 방송은 물론 인터넷 매체들, 특히 '소셜 미디어'라고 부르는 트위터와 페이스북에는 '세시봉 콘서트'에 관한 감상과 견해가 넘쳐흘렀다. 더러 비판적 언급도 있었으나 극소수에 지나지 않았다.

그 시절에 몸소 세시봉에서 음악을 감상한 적이 있거나 청년문화에 관한 논란을 기억하는 장·노년층은 당연히 구체적 체험을 되살리면서 '세시봉 친구들'의 텔레비전 콘서트에서 남다른 감동을 받았을 것이다. 그런데 세시봉 열풍은 환갑을 넘긴 세대에 국한되지 않고 30~40대와 20대까지로 삽시간에 번졌다.

언론은 그런 현상을 '세시봉 신드롬'이라고 표현했다. '신드롬 syndrome'이라는 용어는 의학적으로는 '어떤 공통성이 있는 일련의 병적 징후를 총괄적으로 나타내는 말'로서 증후군이라고 옮기기도 한다. 신드롬의 사전적 의미는 '어떤 것을 좋아하는 현상이 전염병처럼 전체를 휩쓸게 되는 현상'이다. 사전의 뜻으로 보면 세시봉 열풍은 당연히 신드롬이라고 할 수 있다. 증후군이라고 하면 '병적 현상'으로 오해될 소지가 있으니 여기서는 신드롬이라는 용어를 쓰기로 하겠다.

오늘날의 한국 사회를 바르게 이해하려면 정치·경제·사회·문화·종교를 종합적으로 파악해야 할 것이다. 나는 세시봉 신드롬이 그런 종합적 인식을 위한 중요한 지표가 된다고 생각한다.

먼저 세시봉 콘서트 이후에 나타난 다양한 반응을 정리해 보겠다.

### 위대한 기획이라는 찬사

'위대한 기획'이었다. 한 누리꾼이 세시봉 콘서트를 두고 한 말이다. 기존의 예능 프로그램을 대체해 설 특집으로 이틀 연속 꾸며진 시간이었다. 그것이 '전부'였는데 '위대한 기획'이라 불릴 만큼 짙은 이 감동은 대체 어떻게 설명해야 할까. 모든 해답은 그들에게 있었다.

말이 멈추면 노래가 흘렀다. 노래가 흐르는가 싶으면 중년 남자들의 단지 '감미롭다'는 표현만으로는 설명이 부족한 말소리들이 흘렀다. (…) 통기타를 퉁기며 말을 하듯 노래를 한다. (……) 감동은 세대를 아우른 것이었다. 단지 그들과 동시대를 겪었던 세대만이 같은 감동을 받았던 것이 아니었다. 젊은 세대는 이들의 노래를 들으며 알 수 없는 감동에 사로잡혔고 추억을 떠올릴

후의 시간들을 떠올렸다. (…)

방송이 지나간 이후에도 반복학습은 계속됐다. 새벽 한 시에 다 가선 시간에 막을 내린 '세시봉 콘서트', 기타 소리는 여전히 공간을 메웠다. 젊은 세대들은 그들의 단짝 친구와도 같은 SNS를 통해 세시봉에 대한 소감을 끝없이 쏟아냈다. 마치 정말로 '먹구름이 모이고 소낙비가 내리기'라도 할 것처럼 한 공간 안에서 이틀간의 추억을 회고하는 일은 멈추지 않았다. (고승희 기자,「세시봉 콘서트… 마음을 두드리다」,『헤럴드 경제』, 2011년 2월 2일자)

조애경(@aikecho) 씨는 트위터에 아래와 같은 글을 올렸다.

동시대를 산다는 건 꽤나 대단한 일이다. 비슷한 음악에 감동받고, 같은 일에 흥분하고, 공통된 희망과 꿈을 꾼다는 건 마법처럼 놀랍고 화려한 일이다. 더욱이 제한된 트위터 공간에서 함께 숨쉬고 동감하는 사람이 있다는 건 행복이 아닐 수 없다.
세시봉, 빛바랜 앨범 속의 사진 한 장을 보았다. 뛰는 가슴은 금방 눈시울까지 뜨겁다. TV가 고맙다고 오늘 처음 생각했다. 옛것이 아름다운 건 추억할 게 많아서인지 모른다. 가슴 떨린 그 시절, 곧잘 흥분하던 그 시절이 지금 이토록 그립다.

### 세대 소통의 놀라운 계기

한국일보사 황상진 디지털뉴스부장은 2011년 2월 19일자 칼럼 '세시봉과 세대 소통'에 이렇게 썼다.

> 놀라운 것은 방송 이후였다. 인터넷은 온통 세시봉 세상이 됐다. 세시봉과 세시봉의 노래를 아는 이나 모르는 이, 그들(그곳)과 시대를 함께 호흡한 이나 그렇지 못한 이들이 한데 뒤섞여 세시봉을 찾았다. 그곳에서 누가 무슨 노래를 불렀는지, 1960~1970년대 젊은이들이 왜 그토록 열심히 세시봉을 들락거렸는지 등 궁금증에 대한 물음과 답변이 줄을 이었다. 내용으로 미뤄 물음은 10대, 20대들이 하고 있었다.
> 젊은 세대는 부모 세대에게도 사랑과 낭만, 일탈과 반항의 젊은 시절이 있었음을 알고 놀라워했다. 부모 세대가 부른 노래의 서정적인 멜로디와 시 같은 가사에 감동했다는 반응이 많았다. 세시봉의 팝송 번안곡, 히트곡의 제목이나 가사를 알려 달라는 요청이 쇄도했고 트위터와 페이스북에서는 관련 자료들이 텍스트나 동영상 등의 형태로 유포됐다. 40년 전 세시봉이 시간을 뛰어넘어 우리 사회의 여러 세대를 아우르기 시작한 것이다.
> 세시봉의 인기몰이는 어렵게만 보이던 세대 간 이해, 세대 간 소통이 의외로 단순하고 쉬운 곳에서 이루어질 수 있음을 보여준다. 젊은 세대는 60대 남성 네 명이 전하는 사랑과 우정, 그 시절 젊은이들의 로망을 경륜 넘치는 연주, 화음과 함께 들으며 이른바 '꼰대' 세대를 다시 보게 됐다. 부모님이 트윈 폴리오 노래를 흥얼거리는 모습을 보곤 울어버렸다는 여학생도 있었고 부모님을 모시고 가고 싶다며 콘서트 스케줄을 묻는 네티즌도 있었다.

## 세시봉은 서러움과 분노로 기억된다

세시봉 열풍이 한창 불고 있던 때 김진숙(민주노총 부산본부 지도위원, 『소금꽃나무』의 지은이) 씨는 한진중공업의 노동자 400명 '정리해고'에 맞서 크레인을 점거하고 농성을 벌이고 있었다. 1월 6일부터 농성을 시작했으니 한 달이 넘었던 때이다. 그는 2월 4일 트위터에 아래와 같은 글들을 띄웠다.

세시봉인가가 꽤 감동적이었나보다. 난 못 봤다. 국민학교 땐 남진이었다가 중딩 때 송창식, 윤형주, 김세환, 어니언스. 그들의 감미로운 노랫소리, 막연히 답답하던 공기 속에서 그들에게서 미풍처럼 실려 나오던 자유의 바람이 나도 참 좋았다. 18살 객지 나와 하루 13시간씩 일하며.

타이밍(각성제)으로 버티던 벌겋게 충혈된 눈에도 그들은 여전히 감미롭고 편안해 보였고 나는 그게 서러웠다. 해고되고 경찰서 대공분실 징역을 자리만 바꿔가며 몸과 영혼에 가해지는 학대가 일상이 된 시절에도 그들은 참 편안해 보였고 그땐 화가 좀 났던 것 같다. 노래에도 계급이 있다.

지금 아이들이 좋아했던 노래를 세월이 흘러서 들었을 때 서럽거나 화가 나는 세상은 아니었음 좋겠다는 마음으로 크레인 침입사건 30일차 아침을 맞는다.

### 세시봉 콘서트의 매력과 문제점

'칸나일파'라는 분이 자신의 블로그에 올린 글 「세시봉에 대한 반응을 접하고」는 '세시봉 콘서트'에 대한 다양한 관점을 제시한다.

- '유재석 김원희의 놀러와'를 연출하는 신정수 피디는 마봉춘 노조원으로 지난 파업 때 삭발을 했다.
아는 사람만 아는 얘기지만 신정수 피디는 나름 아웃사이더 기질이 있는데다 조용하고 내성적 성격이다. 기존 버라이어티나 토크쇼와 다르게 '유재석 김원희의 놀러와'는 철저하게 비주류들을 게스트로 초대해서 깨알 같은 소소한 재미로 틈새시장 공략에 성공한 프로다. 그중 대박이 난 게 세시봉이다. '유재석 김원희의 놀러와'의 색깔은 신정수 피디와 무관하지 않아서 묘하게 변방의 이야기로 다수를 감동시키는 힘을 가지고 있다.

- 세시봉 2편 오프닝은 장기하+윤도현+송창식이 함께 부른 「담배가게 아가씨」였는데, 이 공연은 정말 명불허전이었다. 아이돌 일색의 가요계에 장기하, 윤도현 조합이 갖는 의미. 철저하게 나이 든 가수를 외면하고 오래된 것은 무조건 폐기 대상으로 여기는 한국 사회에서 송창식 조합이 갖는 의미. 이들을 섞어서 이렇게 폭발적인 무대를 만든다는 것 자체가 흥미로운 발상인데 실제 공연 자체도 환상적이었다.

- 서울대생임을 끝까지 자랑하는, 머리부터 발끝까지 마초 자뻑 조영남.

연세대+기독교+모더니즘+세련미. 무엇 하나 빠지는 구석이 없는 윤형주.

자유로운 사고와 풍부한 감성의 소유자 이장희.

늘 막내 역할을 즐겁게 받아들이는 온화한 성품의 소유자 김세환.

무일푼으로 노숙자처럼 살아 온 기이한 천재 송창식.

내가 세시봉을 보며 느낀 캐릭터의 특징을 그냥 써본 것이다. 거기에는 물론 불편함도 있다.

## 식상한 아이돌 장기자랑

요즈음 텔레비전 예능 프로그램의 대세는 '아이돌의 화려한 쇼'이다. 영어로 'idol'은 우상이라는 뜻인데 언제부터인지 우리나라에서는 어리거나 아주 젊은 연예인들 가운데 인기가 높은 사람들을 가리키는 말이 되어버렸다. 오랜 역사를 가진 '스타'라는 단어를 대체한 것 같다.

아래의 신문기사는 '아이돌의 실상'을 전하면서 '세시봉 콘서트'가 아이돌에 열광하는 젊은 세대에 어떻게 감동을 주었는지를 알리고 있다.

비슷비슷한 아이돌 그룹 멤버들이 어디서 많이 본 포맷으로 등장한다. 소재는 사생활 폭로, 개인기 대결, 짝짓기. 예능 프로그램의 주 시청층이 10, 20대라지만 아이돌 편중 현상이 도를 넘었다는 지적이 나온다. 방송사들은 시청률과 트렌드를 좇다 보니 어쩔 수 없다고 항변하지만 알맹이도 재미도 없는 아이돌 장기자랑에 시청자들은 지친다.

설 특집은 더했다. 걸그룹 티아라의 효민은 무려 12개의 설 특집에 출연했다고 트위터에 밝혔다. '아이돌 공해'라는 말이 지나치지 않다. 설 연휴 텔레비전 앞에 앉은 시청자들은 아이돌 없이는 예능이 안 된다는 궁색한 변명에 일침을 놓듯 추억의 콘텐츠 '세시봉'에 열광했다. (……)

추억의 음악다방 '세시봉'에서 활약했던 이들은 '막내' 김세환이 올해 64세로 모두 칠순을 바라보는 나이이다. 한창 유행하던 '7080코드'로 보기에도 좀 올드하다. 굳이 따지자면 '6070세대'인 그들은 통기타와 40년 묵은 이야기들을 들고 나왔을 뿐인데 왜 세대를 아울러 열광하는 걸까. 가요계를 주름잡던 노래 실력이 감동의 바탕이 됐겠지만 이야기의 힘도 컸다. 화수분처럼 쏟아지는 이야기들을 담백하게 풀어내는 이들의 모습은 굳이 봐 달라고 호소하지 않아도 보게끔 하는 깊은 울림이 있었다. (채지은 기자, 「세시봉 신드롬 설 연휴도 녹였다」, 『한국일보』, 2011년 2월 23일자)

# 대중가요의 수난 시대 –
# '금지곡'이라는 이름의 쇠사슬

박정희 정권 시기는 1961년 5·16 군사쿠데타부터 1979년 10월 26일 그가 중앙정보부장 김재규에게 살해당한 날까지를 가리킨다. 쿠데타 세력이 5월 16일 국회의사당과 중앙청, 방송국을 차례로 점령하고 발표한 '혁명공약'에는 '반공을 국시國是의 제일의第一義로 삼는다'는 것과 '이 나라 사회의 모든 부패와 구악을 일소하고 퇴폐한 국민도의와 민족정기를 다시 바로잡기 위하여 청신한 기풍을 진작한다'는 내용이 들어 있었다.

'반공'과 '국민도의'는 박정희가 한국을 지배하던 18년 내내 사회의 모든 분야를 옥죄는 근거로 작용했다. 특히 문화예술에 대해서는 탄압의 강도가 아주 높았다.

'세시봉 친구들'과 그 시절의 대중음악을 이해하려면 박 정권이 어떤 정책을 펼쳤는지를 정확히 알아야 할 것이다.

박정희 정권은 문화예술 전반을 통제하기 위해 1960년대 중반부터 법과 제도를 만들기 시작했다. 김영주가 쓴 『한국의 청년대중음악 문화』(2006)에는 그 과정이 소상하게 나와 있다.

1960년대에 군사정권은 일본제국주의 시대의 규제와 법을 근대적으로 바꾸어 제도화하여 대중음악에 대한 국가적 개입의 근거를 마련하였다. 1966년 자율기구로 발족된 '예술문화윤리위원회'는 창립 당시 자율기구로서 음악 및 음반의 내용에 대한 심사사항을 회칙으로 규정하여 심의를 담당하였다. 그러나 창립 당시의 심의는 무대 공연 작품 외에는 실질적으로 이루어지지 않았으며, 1967년 음반법이 제정되면서 노래 및 가사에 대한 심의가 본격적으로 이루어지기 시작했다. 이 문화예술윤리위원회는 1970년 극영화 시나리오, 무대작품, 음반의 3개 분야 업무로 확대되고 체계화되어 모든 문화예술 작품들에 대한 사전 심의를 담당하게 되었다.

1960년대에는 방송심의 부문도 기본적 틀을 갖추기 시작했던 때이다. 1962년 '한국방송윤리위원회'가 설치되었는데, 방송윤리위원회는 1965년 '가요심의전문위원회'를 설치하고 대중음악에 대한 광범위한 심의를 실시하기 시작하였다. 여기서 1965년 3월 79곡을 작사자 월북의 사유로 금지시켰으며 1994년 8월까지 총 130여 차례에 걸쳐 846곡을 방송 금지시켰다. (96~97쪽)

## 「동백아가씨」도 금지곡

박정희가 국가재건최고회의를 통해 군사정치를 하던 시기에 대중가요계에는 '재건' 바람이 거세게 불었다. 「재건 데이트」 「재건 폴카」 「재건호는 달린다」 「노래 실은 재건 열차」 「재건 청년」 「재건 아가씨」, 「스피드 재건호」 같은 노래들이 국민들의 귀를 어지럽게 했다.

그러나 그런 '관제 가요'는 어느덧 사라졌다. 박 정권이 많은 대학생들과 재야 민주화운동가들의 격렬한 반대를 무릅쓰고 '용병'이라는 국제적 비난을 받으면서 베트남 전쟁에 국군을 파견하던 1965년에는 「맹호들은 간다」 「우리는 청룡이다」 같은 응원가 풍의 곡들이 잇달아 나왔다.

방송윤리위원회가 금지곡을 발표한 것은 바로 그 직전이었다. 금지곡 목록을 보고 사람들이 가장 놀란 것은 이미자가 부른 「동백아가씨」가 포함되어 있었기 때문이다. 그 노래는 1964년 신성일과 엄앵란이 주연을 맡은 동명同名 영화의 주제곡이었는데 음반 시장에 나오자마자 불이 붙어 금지되기까지 무려 25만여 장이나 팔렸다.

「동백아가씨」를 금지곡으로 발표한 까닭은 단 하나, 곧 '왜색'이라는 것이었다. 왜색은 일본의 대중가요인 엔카演歌를 모방했다는 뜻이다. 그러나 박 정권 시대가 끝난 뒤에 음악전문가들은 "「동백아가씨」가 왜색이라면 한국 트로트 가운데 왜색이 아닌 노래가 몇 곡이나 될 것인가"라고 반문했다.

그 노래를 금지곡으로 '선정'한 배경에는 이런 내막이 있었다고 한다. 박 정권이 학생 운동권과 다수 국민의 치열한 반대를 뿌리치고 1965년 6월 '한일 외교'를 재개했는데, 그렇게 무리하게 일본과 다시 손을 잡은 데 대해 여론은 극도로 악화되어 있었다. 그래서 일본문화에 대해 박 정권이 강경한 자세를 지니고 있음을 '과시'하려

이미자, 「영화주제가 동백아가씨」, 미도파레코드사, 1964

고 「동백아가씨」를 희생양으로 삼았다는 것이다.

그런데 실제로 박정희는 이미자의 열렬한 팬으로서 외국에서 손님들이 오면 이미자를 청와대로 불러 「동백아가씨」를 비롯한 트로트 곡들을 부르게 했다고 한다.

박정희 시대의 대중음악을 이야기하려면 그가 일제강점기에 어떻게 살았는지를 알아야 할 것이다. 정운현(전 『오마이뉴스』 편집국장)의 책 『실록 군인 박정희』(2004)에 그의 행적이 소상히 드러나 있다.

1917년 11월 경북 구미시 상모동에서 가난한 집안의 아들로 태어난 박정희는 대구사범학교를 졸업하고 문경보통학교 교사로 발령을 받았다. 그는 23세 때인 1940년 4월 학교에 사표를 내고 일제의 꼭두각시 나라였던 만주국으로 가서 만주군관학교에 입학했다. '다카기 마사오'라는 일본 이름으로 '창씨개명'을 한 그는 그 학교 예과 2기를 우등으로 졸업했다. 그리고 우등으로 졸업한 학생에게 일본 육군사관학교에 유학을 보내던 특전을 받아 일본으로 갔다. 그는 일본 육사를 3등으로 졸업하고 나서 소련–만주 국경지

대인 치치하얼 주둔 관동군 635부대에 배속되어 3개월 간 견습군관(사관견습) 생활을 했다.

박정희는 4년 남짓 동안 견습군관 과정을 마치고 1944년 7월 1일 황군皇軍 육군소위로서 만주군에 배치되었다. 그가 해방을 맞은 것은 그로부터 1년 1개월여 만이었다.

박정희가 '천황 폐하의 적자赤子'로서 4년 동안이나 '대일본제국'을 위해 싸웠다는 사실은 단순한 친일행위를 넘어, 조국을 식민지로 삼아 실질적으로 40년이나 지배한 외세의 전위부대에 스스로 가담했음을 뜻한다.

박정희는 쿠데타로 집권한 뒤 틈만 나면 주일 한국대사관을 통해 들여온 일본 사무라이 영화를 즐겨 보았다고 한다. 그리고 당시 조선일보사 주필 선우휘 등과 청와대에서 술을 마실 때는 '일본 천황의 교육칙어'를 암송하곤 했다.

일본제국주의에 대한 박정희의 향수는 지독했다. 청와대에서 사무라이 영화 관람뿐 아니라 일본식 검도도 즐겼다.

계엄 선포 한 달쯤 전인가(1972년 10월 17일 계엄이 선포되었다), 박 대통령이 나를 불러요(여기서 나는 강창성 전 보안사령관). 집무실에 들어갔더니 박 대통령은 일본군 장교 복장을 하고 있더라고요. 가죽장화에 점퍼 차림인데 말채찍을 들고 있었어요. 박 대통령은 가끔 이런 복장을 즐기곤 했지요. 만주군 장교 시절이 생각났던 모양입니다. 다카키 마사오로 정일권 대위 등과 함께 일본군으로서

말 달리던 시절로 돌아가는 거죠. 박 대통령이 이런 모습을 할 때면 항상 기분이 좋은 것 같았어요.

(—『중앙일보』, 1991년 12월 14일자)

한 나라의 대통령이 되어서도 일본 '천황'에게 충성하던 시절을 그리워하는 사람의 정신 상태를 어떻게 설명해야 할까? 그런 인물이 한국의 정치·경제·사회·문화를 18년 동안이나 좌지우지한 것이다.

다시 그 시절의 금지곡으로 돌아가보자.

**신중현의「미인」은 '저속'**

1972년 10월 17일 '유신체제'를 선포한 박정희가 종신집권의 길로 치달으면서 모든 분야에서 통제와 강압이 더욱 심해졌다.

(…) 당시 국가는 동원할 수 있는 모든 형태의 규제들을 통하여 대중음악에 대한 직접적 통제를 시도하였다. 먼저 가사와 곡, 음반에 대한 사전 심의를 담당하는 심의기구를 법정 기구화하여 더욱 체계적이고 엄정하게 검열을 수행하였다. 1976년 '공연윤리위원회'를 법정기구로 창설하여 공륜이 당시 심의기구였던 '예술문화윤리위원회'의 심의 업무를 양도받았다.

공연윤리위원회는 사전 심의는 물론 사후 감독권까지 부여받은 명실 공히 대중음악에 대한 검열기구로서 기능하였다. 1970년대

유신 3주년 기념식, 1975. 10. 17

에는 당시의 음반과 노래뿐만 아니라 국내에서 공연되는 모든 국내외 대중음악에 대한 재심을 실시하였다. 1975년 한 해 동안 예술문화윤리위원회는 6월에 43곡, 7월에 44곡, 9월에 48곡을 금지곡으로 선정한다. (…) 모두 222곡을 금지곡 대상으로 문화공보부에 보고하였고, 정부는 원안대로 결정하여 공포하였다.

이처럼 1970년대에는 심의기구들을 통한 대중음악의 검열이 강도 높게 이루어졌으며 이 심의기구들은 당시 정권의 이념적 지향과 일치하지 않는 내용들을 걸러내는 역할을 담당하였다.(─『한국의 청년대중음악 문화』, 87~98쪽)

박정희 정권 시기에 발표된 금지곡 가운데는 '퇴폐'라는 딱지가 붙은 노래가 많이 들어 있었다. '이름도 몰라요 성도 몰라'로 시작되는 「댄서의 순정」, 패티김의 「무정한 밤배」, 남진의 「울려고 내가 왔나」, 신중현의 「미인」 등 한국 대중가요사에서 중요한 위치를 차지하게 된 노래들의 내용이 '저속하다'는 것이었다. 「미인」의 노랫말은 이렇다.

> 한 번 보고 두 번 보고 자꾸만 보고 싶네
> 아름다운 그 모습을 자꾸만 보고 싶네
> 그 누구나 한 번 보면 자꾸만 보고 싶네
> 그 누구의 애인인지 정말로 궁금하네
> 모두 사랑하네
> 나도 사랑하네

이 노랫말의 어디가 '저속하다'는 것인가? 아름다운 여성을 보면 눈길이 가는 것이 정상적인 남성의 속성 아닌가. 이 노래는 '모두 사랑하는 한 여인'에 대한 뭇 남성들의 연정을 그리고 있을 뿐이다. 당시 시중에서는 사람들이 '한 번 하고 두 번 하고 자꾸만 하고 싶네'라고 가사 바꿔 부르기를 한 것이 박정희의 비위를 거슬렀다는 소문이 돌기도 했다.

『신중현과 엽전들 1집』 앨범에 수록된 「미인」은 1974년에 텔레비전 전파를 타면서 어른들은 물론이고 어린이들까지 따라 부를 정도로 폭발적인 인기를 얻었다. 흥겨운 「품바 타령」 곡조를 닮은데다 노래하는 신중현의 몸놀림이 각설이를 연상시킨 점도 인기의 원동력이었을 것이다. 그 앨범은 당시로서는 상상조차 할 수 없던 100만장 판매 기록을 세웠다.

　박 정권은 대중음악을 금지곡으로 묶어두는 데 그치지 않고 '권장가요'를 직접 만들어서 보급하기까지 했다. 음악을 통한 '유신체제 강화'를 시도했던 것이다. 1972년에는 건전가요 합창 운동을 전개했다. 공륜은 1977년에 '애국가요 권장방안'을 정한 뒤 1979년에는 모든 음반에 건전가요를 한 곡씩 의무적으로 수록하도록 했다.

### 「거짓말이야」와 「아, 대한민국」

'건전가요' 가운데 대표적인 것은 정수라가 부른 「아, 대한민국」이었다.

> 하늘엔 조각구름 떠 있고
> 강물엔 유람선이 떠 있고
> 저마다 누려야 할 행복이
> 언제나 자유로운 곳
> 뚜렷한 사계절이 있기에
> 볼수록 정이 드는 산과 들
> 우리의 마음속에 이상이
> 끝없이 펼쳐지는 곳
> 원하는 것은 무엇이든 얻을 수 있고
> 뜻하는 것은 무엇이건 될 수가 있어
> 이렇게 우린 은혜로운 이 땅을 위해

이렇게 우린 이 강산을 노래 부르네
아아 우리 대한민국
아아 우리 조국
아아 영원토록
사랑하리라

누구나 자유롭게 행복을 누릴 수 있고 원하는 것은 무엇이든 얻을 수 있고 뜻하는 것은 무엇이든 될 수가 있다는 이 노래의 내용은 순전한 거짓말이었다. 유신독재체제에서 그렇게 할 수 있는 사람은 박정희밖에 없었기 때문이다.

그런데 이렇게 사기성을 띤 노래가 '건전가요'로서 텔레비전과 라디오를 쾅쾅 울리는데 정작 김추자가 부른 「거짓말이야」에는 금지곡이라는 낙인이 찍혔다.

거짓말이야 거짓말이야 거짓말이야
거짓말이야 거짓말이야
사랑도 거짓말 웃음도 거짓말
거짓말이야 거짓말이야 거짓말이야
거짓말이야 거짓말이야
사랑도 거짓말 웃음도 거짓말
그렇게도 잊었나 세월 따라 잊었나
웃음 속에 만나고 눈물 속에 헤어져

다시는 사랑 않으리 그대 잊으리
그대 나를 만나고 나를 버렸지 나를 버렸지
거짓말이야 거짓말이야 거짓말이야
거짓말이야 거짓말이야

이 노래는 '사회 불안을 조장한다'는 이유로 금지곡 판정을 받았다. 사랑하던 남자에게 버림받은 여성이 '그대를 잊겠다'면서 푸념을 하는 것이 어떻게 세상 사람들을 불안하게 할 수 있겠는가?

이 곡의 1절에만 '거짓말'이라는 낱말이 19번이나 나온다. 그래서 당시 민주화운동 진영에서는 '박정희가 하도 거짓말을 일삼다 보니 자기를 빗대고 하는 노래처럼 들려서 금지했다'고 수군대는 이들이 있었다.

## 통기타의 수난

1960년대 후반 우리나라 대중음악계에는 '통기타 가수' 또는 '통기타 부대'가 등장하기 시작했다. 통기타라는 말은 '어쿠스틱 기타 acoustic guitar'를 우리말로 옮긴 것이다. 통기타는 클래식 기타와 구별해서 포크 기타라고 부르기도 한다. 통기타는 전기장치의 도움 없이 울림통만으로 소리를 낼 수 있다.

통기타 음악은 1966~1967년 세시봉에 둥지를 틀고 있다가 대중을 향해 나간 조영남과 송창식, 윤형주, 김세환 등의 영향으로 1970년대 '청년문화'에서 중심적 요소가 되었다.

세시봉은 박정희 정권이 '불도저식'으로 밀고 나가던 '도시개발 계획' 때문에 1969년에 문을 닫았다. 갈 곳이 없어진 '세시봉 친구들' 1세대는 명동 YWCA의 '청개구리'에 모이기 시작했다. 그곳은 누구나 입장료를 내고 들어가서 노래를 하거나 바둑을 둘 수 있는 문화공간이었다. 송창식, 윤형주, 서유석, 김민기, 양희은 등 통기타 가수들이 거기서 노래를 불렀다. 그런데 그들은 대체로 자신의 음악을 상품화하는 일에는 아주 소극적이었다고 한다.

이들이 전문적 대중가요계와 거리를 두고 있었던 것에는 아마추어적 태도를 유지할 수 있었던 대학생이라는 점뿐 아니라 이들의 예술에 관한 엘리트적 태도도 크게 작용한 것으로 보인다. 이들은 이전의 대중가요 창작자들에 비해 상대적으로 고급예술적 의미의 작가에 가까웠다. 한대수에 의해 시작된 자작곡가수 singer song writer의 존재가 이 시기 대중가요에서부터 낯설지 않은 존재가 되었다는 점은 이를 잘 말해준다. 이들은 한 근대적 자아로서 세계와 마주하며 자신의 존재를 탐구하고 드러내며 자신의 일관된 작품세계를 유지하는 작가로서의 태도를 지니고 있는 경우가 적지 않았고, 사실 이들의 상당수가 고급예술계에서 활동할 수 있는 학력을 지니고 있었다.

(—이영미, 『한국 대중가요사』, 226~227쪽)

1970년대 전반의 '청년문화 논쟁'에서 통기타 가수들이 사회적으로 어떤 의미를 지니고 있는지가 화제로 떠오른 적이 있다. 그런데 지금 어떤 사람들이 상식적으로 알고 있듯이 그들이 '저항적인 자세'로 통기타음악을 한 것은 아니었다. 그들 가운데 대다수는 당시 미국에서 유행하던 포크음악의 영향을 받았지만 한국 사회에서 그것을 온전하게 소화하면서 독재권력에 맞서 저항적 작품을 생산하는 작업을 시도하지는 않았다.

박정희 정권이 1972년 '10월 유신'을 선포한 뒤 주로 통기타를 가지고 음악을 하는 젊은이들의 노래들을 금지곡에 마구잡이로 포함시킨 것은 주로 한대수와 김민기라는 걸출한 대중예술가의 활동과 영향 때문이었다는 것이 정설처럼 되어 있다.

일찍이 미국에 유학을 가서 사진을 전공하고 돌아온 한대수는 머리를 길게 기르고 청바지를 입은 히피의 모습으로 명동에 나타났다. 그는 1969년 9월 남산 드라마센터에서 '괴이한 연주회'를 열었다. 혼자서 기타 한 대만 달랑 들고 무대에 서서 징과 톱 소리를 배경으로 부른 노래가 바로 「물 좀 주소」였다.

물 좀 주소 물 좀 주소 목 마르요 물 좀 주소
물은 사랑이요 나의 목을 간질며 놀리면서 밖에 보내네

바로 그 무렵인 9월 14일 민주공화당은 박정희의 종신집권을 위한 첫 단계로 '삼선개헌 법안'을 국회 제3별관에서 캄캄한 밤에 날치기로 통과시켰다. 가뜩이나 나라 안팎에서 '헌정 파괴'에 대한 비

판의 소리가 높은데 히피 같은 청년이 대중의 심경을 대변하듯이 '물 좀 주소'를 외친 것이다. 박 정권은 당연히 한대수를 '불온분자'로 블랙리스트에 올렸을 것이다.

한대수가 1971년에 발표한 「행복의 나라」는 한국이 '불행한 나라'라고 단정하는 노래로 들렸을까?

장막을 거둬라 너의 작은 눈으로 이 세상을 더 보자
창문을 열어라 춤추는 산들바람을 한 번 더 느껴보자
가벼운 풀밭 위로 나를 걷게 해주세 봄과 새들의 노래 듣고 싶소
울고 웃고 싶소 내 마음을 만져 주 나도 행복의 나라로 갈 테야

그때 서강대 학생이던 양희은이 발랄한 음성으로 부른 이 노래는 독재정권의 억압에서 벗어나고 싶다는 메시지로 해석되었을 가능성이 크다.

한대수는 영자신문인 『코리아 헤럴드』의 기자로 일하다가 1974년에 첫 앨범인 『멀고 먼 길』, 이듬해에 2집인 『고무신』을 발표했다. 당시 문공부는 '체제 전복을 꾀하는 음악'이라는 이유로 음반을 모두 수거하라고 지시했다. 그는 망명자처럼 미국으로 다시 갔다가 1989년에 돌아왔다.

서울대 미대 학생이던 김민기가 20세 때인 1971년에 선을 보인 앨범 『아하, 누가 그렇게』는 장차 한국 대중음악사에 우뚝 솟을 기념비가 될 만한 작품이었다. 나중에 음반 수집가들이 눈에 불을 켜

1969년 명륜동 셋방집 시절의 한대수 (자료제공: 생각의 나무)

고 구하려고 한 『김민기 1집』에는 그 유명한 「아침이슬」과 함께 「가을 편지」 「내 나라 내 겨레」 「친구」 등이 실려 있었다.

김창남(대중음악평론가, 성공회대 신문방송학과 교수)은 그 시절의 김민기를 아래와 같이 소개한다.

1971년 겨울 그는 시인 김지하를 만났고 1972년 봄에는 그의 음반이 압수조치되었으며 이후 그는 가톨릭 문화운동, 국악대중화운동, 마당극운동 등에 폭넓게 관여하게 된다. 그가 제도권으로부터 이른바 '요주의인물'로 간주되고 그의 노래들이 정치적 의미연관으로 받아들여지게 되는 것은 이즈음부터라 추측된다. 1975년을 전후하여 「아침이슬」이 공식적으로 방송 금지되는 것과 함께 그의 노래들은 방송가에서 자취를 감추게 된다. 그와 동시에 대학가에서 김민기 노래들의 정치적 의미연관성은 더욱 확고부동한 것이 되었다.

(―김창남 엮음, 『김민기』(1986), 160쪽)

김민기는 1974년에 입대해서 군대생활을 하고 있었다. 그는 1975년 어느 날, 1972년에 있었던 '유신헌법 찬반투표 사건'에 연루되었다는 혐의로 영창살이를 하다가 최전방에 배치되었다. 신중현을 비롯한 연예인들이 '대마초 사건'으로 줄줄이 구속되던 바로 그 무렵이었다.

김민기의 초기작으로서 '국민가요'의 상징처럼 된 「아침이슬」은

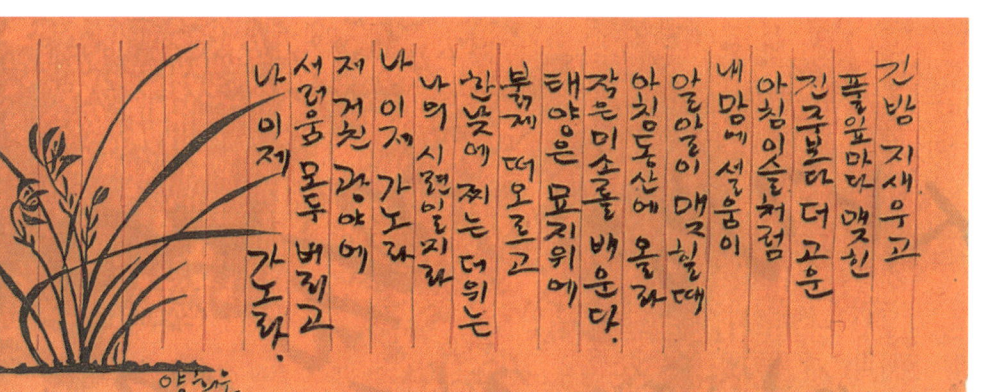

양희은의 「아침이슬」 노랫말과 장서표.
노랫말은 양희은 친필이고 장서표는 이송열 작품으로 2001년 영월책박물관 특별기획전 전시.

노랫말과 멜로디가 아주 서정적이다. 단 하나, '태양은 묘지 위에 붉게 떠오르고'라는 부분이 박정희 정권이 보기에 '죽음의 땅에 희망처럼 떠오르는 태양'으로 들렸던 것 같다. '태양이 북한의 김일성 주석을 상징하는 것 아니냐'는 이유로 앨범이 폐기처분되었다는 설도 있었다. 그러나 그가 작사·작곡한 「친구」 같은 노래의 어느 대목에도 '불온'과 '저항의지'가 숨어 있다고 볼 수는 없다.

검푸른 바닷가에 비가 내리면 어디가 하늘이고 어디가 물이요
그 깊은 바닷속에 고요히 잠기면 무엇이 산 것이고 무엇이 죽었소

눈앞에 떠오는 친구의 모습 흩날리는 꽃잎 위에 어른거리오
저 멀리 들리는 친구의 음성 달리는 기차바퀴가 대답하려나

이 노래는 김민기가 고등학교 시절에 만든 것이라고 한다. 가까운 친구하고 어느 해수욕장에 갔는데 친구가 익사했다. 그가 충격적인 사건을 겪고 돌아오는 길에 떠오른 생각을 음률에 실은 것이 바로 그 노래였다.

박정희 정권이 통기타 가수들에 대해 품은 적개심과 피해의식은 상상을 초월할 정도였다. 살벌하기 그지없는 유신체제 아래서 연예인들은 숨도 제대로 쉬지 못하는 채 조용조용히 살고 있었는데도 '불온하고 저항적인' 청년문화를 뿌리부터 잘라내려는 박 정권의 자세는 날이 갈수록 사나워졌다. 그것이 단적으로 드러난 현상이 바로 1975년의 '220곡 금지' 속에 통기타 가수들의 노래를 대거 포함시킨 일이었다.

송창식의 「고래사냥」은 동명의 영화와 더불어 높은 인기를 누리다가 어느 날 갑자기 방송에서 사라져버렸다.

술 마시고 노래하고 춤을 춰봐도 가슴에는 하나 가득 슬픔뿐이네
무엇을 할 것인가 둘러보아도 보이는 건 모두가 돌아 앉았네
자 떠나자 동해바다로
삼등삼등 완행열차 기차를 타고

 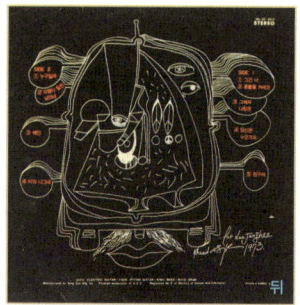

이장희, 「그건 너」, 성은, 1973

그 어떤 나라에서나 젊은이들이 이런저런 이유로 슬픔을 느낄 수 있고 눈앞의 모든 사람이 돌아앉았다고 생각할 수 있을 텐데 그런 정도의 표현이 금지곡의 사유가 되었던 것이다.

이장희의 「그건 너」는 독재자를 가리켜서 '바로 바로 너 때문이야'라고 노래했기에 금지곡이 되었다는 풀이도 있었지만, 만약 그렇다면 돌아선 애인을 원망하는 노래를 어떻게 써야 온전하게 살아남을 수 있었을까?

김세환이 부른 「길가에 앉아서」는 '젊은 놈이 이 중차대한 시기

패티김, 「패티김의 하얀집」, 신세기 레코오드, 1970

에 멍하니 앉아서 무엇을 하겠다는 것이냐라는 심의위원들의 '유권해석' 때문에 금지곡이 되었다는 우스갯소리가 당시에 떠돌았다.

그런 상황에서는 「잘 살아 보세」나 「서울의 찬가」 같은 노래 말고 달리 지어낼 곡이 별로 없었을 것이다.

### 금지곡이 된 월북 음악인들의 노래

1965년에 발표된 금지곡 목록에 포함된 월북 음악인들(작사가, 작곡가, 가수)의 노래는 79곡이었다. 박정희 정권이 그 노래들을 금지곡으로 못 박은 이유는 가사의 내용 때문만은 아니었다. 해방 이래 1948년 8월 대한민국 정부가 들어서기까지는 물론이고 박 정권 시기에도 4년 동안이나 국민들이 즐겨 부르던 곡들이 어느 날 느닷없이 금지곡이 되어버렸다.

'굴욕적 한일회담'을 통해 일본과 국교를 재개한 뒤 「동백아가씨」까지 왜색으로 몰아 금지하는 조치를 내리면서 '반공'을 더욱 강조하려고 월북 음악인들의 작품을 추가했던 것 같다.

그중에서 가장 많은 작품이 금지곡이라는 낙인을 받은 작사가는 조영출이었다. 1913년 충남 아산에서 태어나 1941년 일본 와세다 대학을 졸업한 그는 해방이 되자마자 '조선프롤레타리아예술동맹'에 가입해서 좌파 활동을 벌였다. 그는 일제강점기부터 1948년까지 남한에서 시를 발표하는 한편 유행가라고 불리던 대중가요의 노랫말을 세기 어려울 정도로 많이 썼다. 그는 여러 가지 필명을 썼는데 대표적인 것은 '조명암'이었다. 조영출은 1948년에 월북해서 북한 정권의 '총애'를 받으면서 창작활동을 했다고 한다.

장명등 무르녹은 층층다리에
무릎을 꿇고 앉아 죄를 빌었소
울려서 보낸 사람 만날 길 없는
운명의 쇠사슬을 어찌합니까

(─「인생출발」, 1941)

고향이 따로 있나 정들면 고향이지
백일홍도 심어놓고 옥수수도 심어놓고
부모님 섬겨 보세 사랑도 맺어 보세
꽃 피는 고향일세 농사 짓는 고향

(─「정든땅」)

내뿜는 담배 연기 끝에
희미한 옛 추억이 풀린다
고요한 찻집에서 커피를 마시며
가만히 부른다 그리운 옛날을 부르누나 부르누나

(─「다방의 푸른 꿈」)

조명암의 노랫말 가운데 특히 대중의 귀에 익은 것은 「낙화유수」였다.

이 강산 낙화유수 흐르는 봄에
새파란 잔디 얽어 지은 맹세야
세월에 꿈을 실어 마음을 실어
꽃다운 인생살이 고개를 넘자

일제강점기부터 조영출과 쌍벽을 이루던 작사가는 박영호였다. 1911년 강원도 통천군에서 태어난 그는 1920년대 말부터 1930년대 초까지 프롤레타리아 연극 활동을 했다. 1932년부터 대중가요 가사를 쓰기 시작한 그의 작품 가운데 가장 널리 알려진 것은 「짝사랑」(고복수 노래)이다.

아아 으악새 슬피 우니 가을인가요
지나친 그 세월이 나를 울립니다
여울에 아롱젖은 이즈러진 조각달
강물도 출렁출렁 목이 멥니다

박영호는 1948년에 월북해서 한국전쟁 기간에 북측의 '종군작가'로 일하다가 전사했다고 한다.

「짝사랑」은 작사자가 '김능인'으로 되어 있어서 금지곡에서 벗어날 수 있었다. 박영호가 노랫말을 쓴 다른 곡들로는 남인수가 부른 「애수의 제물포」와 「유랑 마차」, 이난영이 노래한 「무너진 황성」 등이 있다.*

제물포 궂은비는 이별의 눈물
닻 잡고 느껴 우는 지아비 눈물
아득한 물결 위에 노을이 차거든
아아아
그려 우는 이의 마음인 줄 아시오

(―「애수의 제물포」)


무너진 황성에는 무너진 황성에는
메마른 갈대꽃만 울며 도는데
아아 아아 아아아아
부서진 꿈조각만 눈에 암암해

(―「무너진 황성」)

(*최창호 지음, 강헌 해설, 『민족수난기의 대중가요사』 참조).

좀 다른 이야기지만 법으로 금지된 노래가 아니면서도 실질적으로 금지곡이나 마찬가지인 노래도 있었다. 그중에서 대표적인 것은 「부용산」이었다.

부용산 오릿길에 잔디만 푸르러 푸르러
솔밭 사이사이로 회오리바람 타고
간다는 말 한마디 없이 너만 가고 말았구나
피어나지 못한 채 병든 장미는 시들어지고

부용산 오릿길에 하늘만 푸르러 푸르러

이 노래에 얽힌 사연을 간략하게 이야기하면 이렇다.

「부용산」은 1948년에 발간된 『안성현 제2작곡집』에 수록되어 있었다. 박기동이라는 시인의 시를 노래로 만든 것이었다. 목포 항도 여중 교사이던 안성현은 박기동이 '꽃다운 나이에 병으로 죽은 여동생을 추모하면서' 쓴 「부용산」을 읽고 절절한 느낌으로 그 곡을 썼다고 한다.

그런데 바로 그해에 일어난 여수·순천 반란사건 이후 많은 젊은 이들이 좌익에 가담해 지리산을 비롯한 산중에서 '빨치산'으로 '토벌대'와 싸우면서 가장 많이 부른 노래가 「부용산」이었다고 한다. 게다가 작곡자인 안성현이 월북했기 때문에 이 노래는 실질적으로 금지곡이 되어 술자리에서 부르다가 경찰한테 곤욕을 치른 이들이 적지 않았다.

2부

# 세시봉이 들려주던
# 서양의 팝음악

요즈음 '7080세대'뿐 아니라 20대부터 70대에 이르기까지 많은 사람들의 화제에 오르고 있는 세시봉은 1963년부터 1969년까지 여섯 해 동안 서울 중구 서린동에서 문을 열고 있던 음악감상실을 가리킨다. 그 시절에 기성세대의 많은 사람들은 흔히 '뽕짝'이라고 하던 트로트 계열의 노래 아니면 최희준, 패티김 같은 가수들이 세련되게 부르는 서구 풍의 곡들을 즐겨 들었다.

그러나 청년에 속하는 20대부터 30대 초까지의 젊은이들, 그 가운데서도 특히 '지식인'이라고 불리는 대학생들 다수는 팝음악에 쏠려 있었다. 팝음악은 시간이 지날수록 한국 젊은이들의 음악 세계에 깊숙이 파고들었다. 2010년 한가위와 2011년 설에 텔레비전에서 '세시봉 친구들'의 노래를 듣고 감동에 겨워 눈물을 흘리던 할아버지와 할머니들은 지금부터 45년쯤 전에 그런 음악을 즐겨 듣던 '젊은이들'이었다. 그들은 그 이후 사회의 다양한 분야에서 일을 하면서 자녀를 키웠을 것이다. 그 시절에 그들의 머릿속에서 형성된 음악관은 다음 세대에게 어떤 영향을 끼쳤을까?

이 문제를 짚어보기 위해서는 그 시절 세시봉에서 어떤 팝음악을 많이 들려주었는지를 되돌아보는 것이 도움이 되리라고 생각한다.

# 팝음악의 큰 별들

대중음악을 영어로는 '포퓰러 뮤직popular music'이라고 하고 줄여서 팝 뮤직pop music이라고 부른다. 영국의 케임브리지대 출판부가 2001년에 펴낸 『케임브리지 대중음악의 이해』라는 책은 팝음악을 아래와 같이 정의한다.

> 팝음악은 너무도 친숙하고 너무도 쉽게 사용되는 개념이라 정의하기가 모호하다. 팝은 한편으로는 클래식 또는 예술음악과 구별되고, 다른 한편으로는 민속음악과 구별되지만, 이를 제하면 모든 종류의 스타일을 포괄할 수 있다. 이는 엘리트를 겨냥하거나 일종의 지식이나 청취 기술이 필요한 음악이 아니라 일반 대중이 쉽게 접근할 수 있는 음악이다. 이윤을 위해 상업적으로 제작되는 음악으로 기획의 문제이지 예술의 문제가 아니다. 이렇게 정의할 때 '팝음악'은 록, 컨트리, 레게, 랩 등 모든 대중적 형식을 포함한다. (165~166쪽)

그래서 이 책에서는 '일반 대중이 쉽게 접근할 수 있으며 이윤을 위해 상업적으로 제작되는 서양의 음악'을 팝음악이라고 하고 한국을 비롯한 다른 나라들의 '포퓰러 뮤직'을 대중음악이라고 부르기로 하겠다.

팝음악이라는 용어는 로큰롤과 로큰롤의 영향을 받은 새로운 청년음악을 표현하는 뜻으로 영국에서 창시되었다고 한다. 팝음악은 1950년대 중반부터 슈퍼스타들의 등장으로 큰 산업으로 발전하기 시작했다. 팝음악 최초의 슈퍼스타는 가수이자 영화배우인 엘비스 프레슬리였다.

**엘비스 프레슬리―소리와 몸으로 세계를 뒤흔들다**

음악감상실 세시봉 입구에서 표를 산 뒤 정문을 밀고 들어간 사람은 폭풍처럼 휘몰아치는 음향에 흠칫 놀라는 경우가 많았다. 물론 샹송이나 칸초네처럼 부드럽거나 정감이 넘치는 곡들도 들렸지만 1964년 봄 내가 그곳에 처음 갔을 때는 요란한 노래가 주류를 이루고 있었다.

그런 장르를 대표하는 가수가 바로 엘비스 프레슬리였다. 팝음악의 종주국인 미국은 물론이고 온 세계의 수많은 젊은이들이 그에게 열광한 까닭은 무엇이었을까?

우선, 로큰롤이라고 불리는 그의 노래는 듣고 있기만 해도 어깨춤이 나고 엉덩이가 들썩여지게 하는 마력을 지니고 있었다. 프레슬리는 그렇게 신바람이 나는 노래뿐 아니라 감미로운 발라드의 '달인'이기도 했다. 나는 중학교 2학년 때인 1958년에 그가 부른 「러브 미 텐더Love Me Tender」 가사를 수업시간에 몰래 외우다가 선생

님한테 들켜서 혼이 난 적이 있었다.

세시봉에 앉아서 잔잔한 음악을 듣고 있던 젊은이들은 프레슬리의 노래가 시작되기만 하면 신들린 사람처럼 몸을 거세게 흔들거나 손뼉을 마구 쳤다.

세시봉의 디스크자키실 유리벽에 걸린 그의 앨범 재킷은 젊은 여성들의 탄성을 자아냈다. 포마드(머릿기름)를 잔뜩 발라서 윤이 번들거리는 올빽 머리, 짙은 눈썹, 바로 나를 주시하는 듯한 눈길은 여성들뿐 아니라 남자들까지도 매료시켰다.

세시봉의 젊은이들이 가장 열광한 그의 노래는 「사냥개Hound Dog」와 「제일 하우스 록Jail House Rock」 그리고 「지아이 블루스GI Blues」였다.

> You ain't nothin' but a hound dog
> 그대는 사냥개일 뿐이야
> Cryin' all the time
> 언제나 울기만 하지
> Well, you ain't never caught a rabbit
> 토끼 한 마리도 못 잡으니
> and you ain't no friend of mine
> 그대는 내 친구가 아니야

정통 영어를 쓰는 사람들이 보기에 엘비스 프레슬리의 노랫말은 문법 파괴의 전형*이었다. 그런데도 영어권의 젊은이들은 말할 것도 없고 다른 나라의 청년 세대도 소용돌이에 빠지듯이 그의 파괴적 어휘와 음률에 몸을 맡겼다.

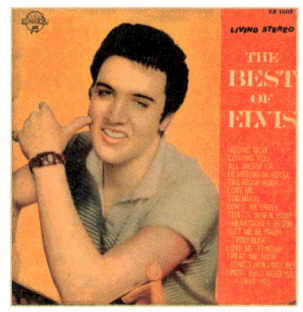

엘비스 프레슬리, 「THE BEST OF ELVIS」, EUN HA SU RECORD, 1970년대

프레슬리의 인기가 천장을 모르고 치솟자 한국에서도 그의 노래와 몸짓을 모방하는 가수들이 등장했다. '한국의 엘비스 프레슬리'라고 불린 사람들은 남석훈과 고故 차중락이었다. 차중락은 프레슬리의 노래 「그대의 일부라면 무엇이든지 Anything That's Part of You」를 「낙엽 따라 가버린 사랑」이라는 번안곡으로 불러서 큰 인기를 누렸다.

> 찬바람이 싸늘하게 얼굴을 스치면
> 따스하던 너의 두 뺨이 몹시도 그리웁구나
> 아, 그 옛날이 너무도 그리워라
> (―「낙엽 따라 가버린 사랑」)

트로트 가수로 알려져 있던 남진도 프레슬리 같은 차림과 몸짓으로 「님과 함께」나 「오! 그대여 변치 마오」를 노래했다.

●이중 부정으로 긍정이 되는 표현을 오히려 부정으로 사용하는 것

엘비스 프레슬리가 팝음악사상 최초의 슈퍼스타로 탄생한 까닭은 그의 노래와 외모가 '섹시하다'는 단 한 가지 때문만은 아니었다. 그는 권력자들이나 부유층이 아니라 '보통사람들'이나 소외된 이들의 사랑을 받을 만한 삶의 이력을 지니고 있었다.

1935년 미국 미시시피 주의 투펠로에서 쌍둥이 가운데 둘째로 태어난 프레슬리의 부모는 방 두 칸짜리 집에서 살던 빈민이었다. 1929년에 시작된 '대공황'의 여파가 아직 가시지 않은 때라서 부모는 집 근처의 좁은 땅에서 농사를 지으면서 정부의 식량 보조를 받아 어렵게 살고 있었다.

엘비스가 세 살 되던 해 아버지가 땅주인의 수표를 변조한 혐의로 8개월 동안 옥살이를 하게 되자 가족은 이루 말할 수 없이 고생을 했다. 아버지가 출옥한 뒤 제2차 세계대전 기간에 군수공장에 다니게 되어 형편이 조금 나아진 가족은 엘비스가 열세 살이던 1948년에 테네시 주의 멤피스로 이사했다.

엘비스 프레슬리는 8학년(한국의 중학교 2학년) 때 음악에서 'C'학점을 받을 정도로 노래에 소질이 없다는 소리를 들었다고 한다. 그는 하도 수줍어서 급우들한테 '마마 보이'라는 놀림을 받기도 했다.

그러나 그 시절의 학교생활은 그의 미래에 큰 도움이 되었다. 그가 다니던 흄스 고등학교의 학생 대부분이 흑인이라서 그들의 문화, 특히 음악을 가까이 할 수 있었던 것이다.

정식으로 음악 교육을 받은 적도 없고 악보를 읽을 줄도 모르던 프레슬리는 오로지 귀로만 공부하고 연주를 할 수밖에 없었다. 그는 주

크박스*가 있는 음반 가게에 자주 들러서 당시의 유행곡들을 익혔다. 프레슬리는 백인 복음성가 가수들의 노래(가스펠)와 흑인 영가를 열심히 들으면서 흑백 차별이 심한 남부에서 백인 청중 입장이 허용되는 날에만 블루스 연주장을 찾았다고 한다.

프레슬리는 1953년에 고등학교를 졸업하고 멤피스의 작은 음반 업체를 찾아가서 오디션(노래 심사)을 받았으나 낙방하고 트럭 운전사로 일하기 시작했다. 그런데 이듬해 4월 그에게 '딱지'를 놓았던 바로 그 음반회사 사장이 그에게 '아는 노래를 모조리 불러보라'고 하더니 '바로 그거야'라고 소리쳤다. 그는 '흑인의 소리와 감성을 지닌 백인'을 찾고 있었던 것이다. 멤피스에서 인기가 높은 라디오 쇼에 프레슬리의 노래가 방송되면서 그는 대중에게 알려지기 시작했다.

그로부터 3년 뒤인 1956년 1월, 프레슬리는 테네시 주 내시빌의 RCA에서 처음으로 음반을 취입했다. 「허트 브레이크 호텔Heart Break Hotel」이라는 제목의 그 노래는 3주 만에 무려 30만 장이 팔렸고 봄까지 100만 장을 돌파했다. 1956년 말까지 프레슬리는 미국에서만 2,200만 달러어치의 음반과 관련 상품을 팔아 치웠다. 클래식 음반 시장 전체 매출액의 절반에 해당하는 금액이었다.

엘비스 프레슬리의 음악 인생은 승승장구의 길을 걸었다. 그는 CBS의 전국 프로인 '스테이지 쇼'에 출연한 것을 시발점으로 「나는 잊기 위해 기억하는 법을 잊는다Forget to Remember to Forget」라는 노

* 동전을 넣고 음악을 듣는 기계

래로 음악전문지 『빌보드』의 '컨트리 차트' 1위에 올랐다. 그때부터 프레슬리는 '로큰롤의 황제' '세계 청소년의 우상'이 되는 길로 치달았다.

프레슬리가 엉덩이를 요란하게 흔들면서 기타를 자유자재로 연주하는 장면이 텔레비전과 라이브 쇼를 통해 청소년들을 열광시키자 당시 FBI(미 연방수사국) 국장으로서 극우보수주의 세력의 핵심이던 에드가 후버는 이렇게 말했다고 한다.

"프레슬리는 미합중국의 안보에 대한 명백한 위험이다. 그의 행동과 동작은 10대 청소년들의 성적 열정을 자극하는 것이다. 강당에서 쇼가 끝난 뒤 1,000명이 넘는 10대들이 프레슬리의 방으로 쳐들어갔다. 여고생 두 명은 복부와 허벅지에 프레슬리의 자필 사인을 넣고 있었다고 한다."

이런 현상이 미국 전역으로 번지자 프레슬리에게는 '골반 엘비스Elvis the Pelvis'라는 별명이 붙었다. 영어로 교묘하게 운을 맞춘 이 별명은 평생 그를 따라다녔는데 프레슬리 자신은 '어른의 말로 내가 듣던 중 가장 유치한 것'이라면서 불쾌해 했다고 한다.

1956년에 「사납게 굴지 말아요Don't Be Cruel」와 「사냥개Hound Dog」를 한 쌍으로 담은 싱글 음반은 여러 차트에서 1위를 11주 동안이나 지켰다. 이 기록은 36년 동안이나 깨어지지 않았다.

미국에서 버라이어티 쇼로 최고의 시청률을 자랑하던 CBS의 '에드 설리번 쇼' 진행자인 설리번은 '프레슬리는 가족이 시청하기에 부적합하다'고 공언하다가 결국 그의 폭발적 인기에 굴복했다.

프레슬리가 3회 출연에 5만 달러를 받고 나간 그 프로는 설리번이 교통사고를 당해서 다른 사람이 진행했는데도 미국 전역 텔레비전 시청자의 82퍼센트인 6,000만여 명이 보는 방송사상 최고의 기록을 세웠다. 방송사가 '용의주도하게' 프레슬리의 허리 위 상체만 보여주었는데도 그런 전설적 기록이 세워진 것이다. 스튜디오에서 공연을 직접 본 관중은 광란의 도가니에 빠졌다.

프레슬리는 요란한 로큰롤에만 뛰어난 가수가 아니었다. 그가 싱글 앨범으로 발표한 「러브 미 텐더Love Me Tender」에는 수백만 장의 선先 주문이 쇄도했다. 이 노래는 지금도 세계 젊은이들이 사랑하는 대표적 연가 가운데 하나이다.

프레슬리의 명성이 전국으로 퍼짐에 따라 문화적 변동이 크게 일어났다. 젊은 세대가 기성세대와는 두드러지게 다른 문화적 취향과 신념을 갖게 된 것이다. 이렇게 '통합된 청년문화'는 미국 역사에서 볼 수 없던 것이었다. 절대 다수의 청소년들이 그의 노래를 음반으로 듣거나 공연과 텔레비전으로 보면서 이성을 잃은 듯이 열광했다. 보수적인 권력과 언론 그리고 '고상한 음악'을 사랑한다는 엘리트들이 프레슬리의 도발적인 무대 매너와 가사의 내용에 시비를 걸었지만 젊은 세대는 도덕적 논쟁에는 아랑곳하지 않았다. 그들은 그의 노래와 율동에서 자유와 해방, 그리고 무엇보다도 신명을 느꼈던 것이다.

그는 청소년들뿐 아니라 팝음악인들에게도 절대적 영향을 끼쳤다. 밥 딜런은 프레슬리의 노래를 듣고 '감옥에서 튕겨져 나온 듯이 느꼈다'고 고백했다. 프레슬리의 음악이 '자유와 해방'의 도화선이라는 뜻이었을 것이다.

공산주의 국가이던 소련에서까지 높은 인기를 누리면서 국제적 슈퍼스타가 된 엘비스 프레슬리는 1956년 영화 「러브 미 텐더」에 출연했다. 그의 연기는 전문가들의 혹평을 받았지만 주제곡과 함께 삽입된 노래들 덕분에 영화는 흥행에 성공했다.

1958년 3월 육군에 입대해서 독일에 주둔하던 미 제3기갑사단에서 근무한 프레슬리는 1960년 3월 제대해서 귀국했다. 그는 「사랑하지 않을 수 없어요Can't Falling in Love」(1961), 「발신자에게 돌아온 편지Return to Sender」(1962), 「라스베이거스 만세Viva Las Vegas」(1964) 같은 앨범들로 입대 전 못지않은 인기를 누렸다. 그러나 그 무렵 폭풍처럼 인기 몰이를 하던 비틀스에게 음반 판매 1위를 내줄 수밖에 없었다.

1973년 정초 전 세계에 생중계된 텔레비전 특집 '알로하 프롬 하와이'로 15억여 시청자의 눈길을 사로잡은 프레슬리는 그해에만 콘서트를 168회나 열었다. 그는 건강이 악화되어 투병생활을 하다가 1977년 8월 16일 42세의 나이로 세상을 떠났다.

프레슬리의 전기 작가들은 그가 따뜻한 성품을 지닌 사람으로서 가난한 사람들을 도우려고 애썼다고 기록했다.

그는 팝음악에 지각변동을 일으키면서 대중문화에 혁명적 변화를 가져왔다. 프레슬리가 로큰롤을 통해 발동을 건 청년문화는 미국뿐 아니라 온 세계의 젊은이들에게 약동하는 기운과 신명을 불어넣었다. 그래서 프레슬리가 세상을 떠난 지 34년이나 되는 지금도 그가 살던 집인 멤피스의 '그레이스 랜드'에는 추모객이 줄을 잇고 있다고 한다.

**비틀스-팝음악을 예술로 승화시키다**
비틀스의 음악이 한국에 본격적으로 알려지기 시작한 것은 1964년 께였다. 그해 2월 초에 그들이 처음으로 미국을 방문해서 열렬한 환영을 받은 것을 계기로 우리나라의 라디오 방송과 음악감상실이 '비틀스 열풍'을 전파하는 데 경쟁적으로 나섰던 것이다.

엘비스 프레슬리의 경우처럼 비틀스의 노래들도 주로 USIS(미국공보원)나 AFKN(주한 미군방송)을 통해 한국에 수입되었다. 그리고 1962년에 첫 전파를 타기 시작한 KBS 제2라디오가 주마다 1회 30분쯤 방송되는 '금주의 히트 퍼레이드'를 통해 미국 『빌보드』 차트의 상위곡들을 소개했다.

요즈음에는 디스크자키가 나이트클럽뿐 아니라 다방에도 있지만 1960년대 초반에는 라디오나 전문적 음악감상실에만 있는 희귀한 직종이었다. 1963년 동아방송 팝 스크립터로 출발해서 PD로 일하던 최동욱은 한국 최초의 라디오 디스크자키가 되었다. 그 뒤를 이어 이종환과 피세영 등이 등장해서 인기를 얻었다.

세시봉은 음악감상실 가운데 가장 다양한 음반으로 비틀스 음악을 소개하는 데 앞장섰다. 지금 기억하기로 내가 세시봉에서 가장 먼저 들은 비틀스의 노래는 「그대 손을 잡고 싶어 I Want to Hold Your Hand」였다.

Oh, yeah, I'll tell you something
오, 그래요, 그대에게 할 말이 있어요
I think you'll understand
그대는 이해해 주겠지요
When I'll say that something
바로 그걸 내가 말한다면……
I want to hold your hand
그대 손을 잡고 싶다고
I want to hold your hand
그대 손을 잡고 싶어요

    이 노래는 경쾌한 리듬을 타는 '이지 리스닝easy listening' 계열의 곡처럼 들리면서 로큰롤의 특성을 탁월하게 드러내고 있었다. 1963년 10월에 녹음된 이 곡은 비틀스의 노래로서는 처음으로 『빌보드』 차트 1위에 올랐다. 영국인이라면 당연히 '아이 원 투I want to'라고 할 텐데 '아이 워너I wanna'라는 미국식 발음을 노골적으로 쓴 것을 보면 비틀스는 '미국 침공'을 애초부터 염두에 두었던 것 같다.
    비틀스의 구성원은 존 레넌, 폴 매카트니, 조지 해리슨, 링고 스타(본명은 리처드 스타키)이다. 1957년 3월 영국의 고등학생이던 레넌은 '쿼리멘'이라는 스키플• 그룹을 만들어서 활동하다가 어느 축제에

---

•1950년대에 유행한 재즈와 포크음악이 혼합된 형태의 음악

 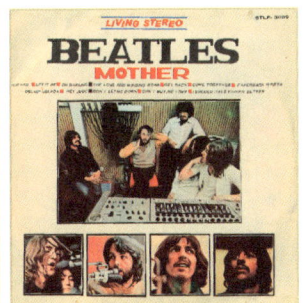

「New Best of THE BEATLES」, 1970년대    비틀스, 「Mother」, 대도레코오드사, 1970

서 매카트니를 만나서 함께 일하게 되었다. 이듬해인 1958년에 해리슨이 리드 기타리스트로서 합류했다. 링고 스타는 1962년 초여름에 그룹의 드러머이던 피트 베스트를 대신해서 그 자리에 들어갔다.

이 그룹은 애초 영국의 리버풀과 독일의 함부르크에서 '실버 비틀스Silver Beetles'라는 이름으로 연주활동을 시작했는데, 1960년 8월 27일 '더 비틀스The Beatles'로 이름을 바꾸었다. 비틀스는 1962년 6월 런던의 애비로드 스튜디오에서 최초의 음반 녹음에 들어갔다.

비틀스가 거기에 이르기까지, 그리고 그 이후 슈퍼스타들로 솟아오르는 데 결정적 도움을 준 사람은 리버풀에서 레코드숍을 운영하던 브라이언 엡스타인이었다. 음악칼럼니스트로도 일하던 그는 영국의 대표적 음반사인 EMI의 프로듀서 조지 마틴을 통해 비틀스가 '팔로폰'이라는 레이블(상표)로 음반을 낼 수 있도록 주선했다.

비틀스가 세션 드러머인 앤디 화이트와 함께 녹음해서 1962년 10월에 발표한 「나를 사랑해 주세요Love Me Do」와 「추신: 나는 당신을 사랑해요P.S: I love You」는 영국의 팝음악 차트 17위에 올랐다. 신인들이

낸 음반이 그런 기록을 세웠던 것이다.

비틀스는 같은 해 11월 데뷔 앨범인 「제발 제발 나를Please, Please Me」을 낸 뒤 리버풀의 지역뉴스 프로그램을 통해 텔레비전에 출연했다.

그 무렵까지 비틀스 멤버들은 청바지를 입고 무대에서 연주를 하면서 무언가를 먹거나 땀을 뻘뻘 흘리거나 담배를 피웠다고 한다. 매니저인 엡스타인은 '자유분방한' 비틀스에게 점잖은 바지를 입고 무대 매너를 갖추라고 권고했다.

그들의 데뷔 앨범은 1963년 3월 영국의 팝음악 차트에서 1위에 올랐다. 비틀스 시대의 문이 활짝 열린 것이다. 비틀스가 그때부터 1970년대까지 발표한 스튜디오 앨범 12개 가운데 11개가 영국에서 판매기록 1위에 올랐다.

비틀스가 1963년에 발표한 싱글인 「그녀는 그대를 사랑해She Loves You」는 그룹 최초로 100만장 돌파 기록을 세웠다. 그들의 인기가 이렇게 하늘 높은 줄 모르고 치솟자 '비틀마니아'라는 신조어가 등장했다. 영국은 물론이고 여러 나라의 언론은 그들이 언제 미국으로 진출할 것인가에 관심을 쏟았다. 그런데 EMI의 미국 자회사인 캐피털 사는 '장발족'인 비틀스의 음반을 미국에서 내기를 망설였다.

미국 진출 이야기가 나온 뒤 한 해가 가까워지던 1963년 12월 캐피털 사가 미국용으로 편집한 음반을 시장에 내놓았다. 바로 「그대 손을 잡고 싶어I Want to Hold Your Hand」라는 노래였다. 이 싱글 음반은 미국에서 무려 260만 장이나 팔려나갔다.

마침내 1964년 2월 7일, 온 세계가 기다리던 '영국의 (미국) 침공

British Invasion'이 시작되었다. 비틀스가 런던의 히드로 공항을 떠나는 시간에 4,000여 명의 팬들이 몰려들어 열광적으로 손을 흔들며 환송했다. 미국 뉴욕의 존 F. 케네디 공항에 비틀스가 내리자 3,000여 명이 그들을 에워싸고 얼굴을 보려고 아우성을 쳤다.

비틀스는 2월 9일 생방송으로 진행되는 '에드 설리번 쇼'에 출연했다. 당시 미국 인구의 40퍼센트가 넘는 7,400만여 명이 그 프로를 시청했다고 하니 '초대박'을 넘어 방송역사상 유례가 없는 일이었다. 비틀스는 이튿날 수도 워싱턴에서, 다음날은 뉴욕의 카네기홀에서 연주회를 열고, 에드 설리번 쇼에 두 번째로 출연한 뒤 2월 22일 영국으로 돌아갔다.

비틀스가 미국에 머물던 동안 『빌보드』의 '핫 100' 싱글 차트에는 그들의 노래가 무려 12곡이나 올랐다. 그 가운데 5곡은 1위부터 5위까지를 독차지했다. 열풍은 미국의 대중이 엘비스 프레슬리가 등장하던 때 겪은 '문화적 충격'보다 훨씬 강도가 높고 영향력도 컸다. 프레슬리가 일으킨 청년문화의 바람을 비틀스가 폭풍으로 격상시킨 셈이었다.

비틀스가 불을 댕긴 '영국의 침공'은 롤링 스톤스, 킹크스, 애니멀스, 후, 크림 등으로 이어졌다. 팝음악의 종주국이라는 자부심이 강한 미국이 영국인들에게 점령당하는 사태가 벌어진 것이다.

단 2주 동안의 공연들로 미국 팝음악계를 '정복'한 비틀스는 그 해 6월, 19일에 걸쳐 덴마크, 홍콩, 호주, 그리고 뉴질랜드에서 32회의 공연을 펼치면서 열광적인 환호를 받았다. 그리고 8월 말에 다시 미국으로 가서 뉴욕에서 밥 딜런을 만났다.

딜런은 그들에게 대마초를 소개했다. 딜런의 핵심적 팬들은 예술적, 지적 성향을 가진 대학생들로서 정치·사회적 이상주의와 온건한 보헤미안 스타일을 좋아하는 젊은이들이었다. 몇몇 대중음악 전문가들은 비틀스가 반 년 동안 딜런과 대화를 나누면서 포크음악에 관한 견문을 넓혔고, 그의 콧소리와 내향적內向的인 기타 연주법에 영향을 받았다고 보았다.

비틀스가 출연한 첫 번째 영화인 「고달픈 날의 밤A Hard Day's Night」(리처드 레스터 감독)이 1964년 7~8월에 런던과 뉴욕에서 상영되었다. 비틀스 멤버들의 과장된 연기와 유치해 보이는 시나리오 때문에 그 영화는 많은 전문가들의 혹평을 받았다. 그러나 그들의 생생한 연주와 삶의 모습만 보고도 팬들은 열광했다.

1965년 4월, 존 레넌과 조지 해리슨은 한 치과의사의 초대를 받아 참석한 만찬에서 커피에 환각제 LSD를 섞은 것을 처음으로 마시게 되었다. 나중에 두 사람은 링고 스타와 함께 마약에 손을 대기 시작했다. 보수적인 영국의 지도층이 보기에는 '히피의 전형적 행태'나 다름없는 일이었을 것이다.

비틀스가 출연한 두 번째 영화인 「도와줘요Help!」(리처드 레스터 감독)는 데뷔 영화처럼 치졸하다는 평가를 받았다. 그러나 그 작품에 삽입된 노래들과 함께 나중에 비틀스의 다섯 번째 앨범에 실린 「예스터데이Yesterday」라는 곡은 세계에서 가장 많이 불리는 노래들 가운데 하나가 되었다.

어제, 나의 모든 걱정은 멀리 있는 듯이 보였지
이제는 바로 여기 있는 것 같아
오, 나는 어제를 믿는다네

폴 매카트니가 작곡한 것이었다. 가사가 철학적인데다가 4분의 4박자에 실린 서정적 멜로디가 듣는 이의 감성을 어루만지는 노래이다. 이 한 곡만으로도 비틀스는 팝음악을 예술의 경지로 승화시켰다는 찬사를 들을 만했다.

「예스터데이」는 역사상 가장 많은 3,000여 개의 음반에 '커버 버전cover version'으로 올랐으며, 영국 BBC의 1999년도 여론조사에서 '20세기 최고의 노래'로 선정되었다. 2000년 음악잡지『롤링스톤』의 시청자와 독자 투표에서도 역사상 최고의 팝송으로 뽑혔다.

1965년 8월 세 번째로 미국을 방문한 비틀스는 9회에 걸쳐 성공적으로 공연을 한 뒤 그들이 '음악의 사부師父'라고 공언한 바 있는 엘비스 프레슬리를 만났다. 프레슬리는 비틀스를 멤피스의 집으로 초대해서 함께 기타를 연주하면서 팝음악과 여러 일화들에 관해 대화를 나누었다. 팝음악 최초의 슈퍼스타와 그의 뒤를 이어갈 슈퍼스타들의 만남이었던 것이다.

1966년 12월부터 비틀스는 투철한 창의력과 실험정신으로『서전트 페퍼스 론리 허츠 클럽 밴드Sgt. Pepper's Lonley Hearts Club Band』라는 음반을 녹음하기 시작했다. 그들은 종전의 곡들과 완전히 다른 음악을 창작하겠다는 각오로 금관악기들에 마이크를 붙이고 마이

크에 바이올린들을 연결하는 방식으로 음반을 제작했다. 이 곡의 가사는 문학을 전공하는 사람들도 감탄할 정도로 문학성이 뛰어나다는 평가를 받았다. 1967년 동명의 제목으로 발표된 앨범에 수록된 그 노래는 『빌보드』 차트에서 무려 15주 동안이나 1위를 지켰다.

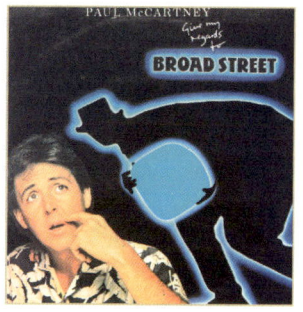

폴 매카트니, 「Give my regards to Broad Street」, EMI, 1984

비틀스는 1968년 1월 스스로 음반을 만들기 위해 애플 레코드사를 설립하고 첫 작품으로 2장의 LP로 이루어진 앨범인 『애플Apple』을 펴냈다. 재킷이 텅 비어 있어서 '화이트 앨범'이라는 이름으로 널리 알려진 이 음반은 선주문이 200만 건이나 들어오고 미국에서 한 달 남짓 동안 400만여 장이 팔렸다.

그 무렵 비틀스 멤버들 사이에서는 갈등과 불화가 깊어지고 있었다. 존 레넌이 오노 요코˙와 결혼한 뒤 오노가 비틀스의 활동에 직접, 간접으로 간섭하기 시작했기 때문이다. 오노는 레넌이 매카트니와 함께 작곡한 곡을 레넌의 단독 창작품이라고 주장했다고 한다. 레넌은 스튜디오에 여성 파트너를 데려오지 않는다는 비틀스의 '불문율'에 아랑곳하지 않고 오노를 동반하고 오는가 하면 매카트니의 곡들을 '할망구의 음악'이라고 조롱했다.

●일본계 미국인으로 음악, 문필, 평화운동, 전위예술 등 다양한 활동을 했음

존 레논·오노 요코, 「MILK AND HONEY」, PolyGram Recoards, 1984

그렇게 어지러운 분위기에서 비틀스는 1969년 9월에 열한 번째이자 실질적으로 마지막 앨범인 『애비 로드Abbey Road』를 발표했다. 공식적으로 비틀스의 마지막 앨범으로 나온 『렛 잇 비Let It Be』는 1969년 초에 녹음된 것이었다.

1970년 4월 10일 폴 매카트니는 오래 미루던 비틀스의 해체를 온 세계에 알렸다. 1960년 리버풀에서 그룹이 결성된 지 10년 만의 헤어짐이었다. 네 사람은 각자가 솔로 앨범을 내면서 개인적으로 활동하기 시작했다.

존 레넌은 결별 이후 10년 만인 1980년 12월 8일, 오노 요코와 함께 살던 뉴욕 아파트의 건물 입구에서 마크 데이빗 채프먼이라는 청년이 쏜 총탄을 네 발이나 등에 맞고 숨을 거두었다. 조지 해리슨은 2001년에 폐암으로 세상을 떠났다. 살아 있는 두 사람 가운데 폴 매카트니는 지금도 음악 활동을 열정적으로 하고 있다.

비틀스의 멤버들은 평범한 서민의 아들들이었다. 존 레넌만 리버풀미술대학을 중퇴했을 뿐 나머지 세 사람은 대학의 문턱도 밟아보지 못했으니 엘리트와는 거리가 먼 사람들이었다. 그러나 그들은 비슷한 처지의 엘비스 프레슬리처럼 팝음악의 역사에 금자탑을 세웠다. 그들은 때로는 담백한 소리로 듣는 이들을 사색에 잠기게 했고 어떤 때는 격정적인 외침으로 청중을 열정과 신명의 도가니로 몰아넣었다. 비틀스는 끊임없이 더 좋은 음악을 생산하기 위해 연구하고 고뇌하면서 발표하는 음반마다 역동하는 창의성을 보였다. 그들은 첨단 장비를 활용하는 녹음으로 꾸준히 '소리의 혁신'을 시도했으며 마케팅과 경영에서도 뛰어난 능력을 과시했다. 어떤 면에서 비틀스는 바흐, 모차르트, 베토벤 같은 서양음악사의 거장들보다 훨씬 많은 사람들에게 사랑을 받은 인류 역사상 보기 드문 음악인들이었다.

**밥 딜런 – '서정적 저항'을 노래하다**

1960년대 중반과 후반에 세시봉이 들려주던 서양 팝음악 가운데 밥 딜런과 존 바에즈의 노래들은 아주 특이했다. 두 사람의 음악은 철학적 사색과 저항적 이미지가 결합된 음유시인의 소리처럼 들리는가 하면 애인의 귀에 대고 속삭이는 연가 같기도 했다.

내가 보기에 1970년대 한국에서 통기타를 들고 대중 속으로 다가가기 시작한 대부분의 가수들은 딜런과 바에즈의 영향을 아주 많이 받은 것 같다. 김민기, 서유석, 양희은, 양병집 등이 특히 그렇다.

원래 이름이 로버트 앨런 지머만인 밥 딜런은 1941년 미국 미네소타 주의 둘루스에서 태어났다. 부모의 조상은 러시아에서 미국으

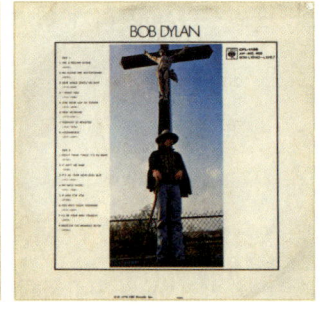

밥 딜런, 『GREATEST HITS』, CBS RECORDS, 1978

로 이주한 유대인들이었다. 1959년 미네소타대학에 들어간 딜런은 곧 포크음악에 심취해서 1학년 말에 학교를 중퇴했다. 그는 음악적 우상인 우디 거스리를 만나러 1961년 1월 뉴욕으로 갔다. 싱어 송 라이터인 거스리는 '이 기계가 파시스트들을 죽인다'는 구호를 기타에 매달고 연주할 정도로 정치적 성향이 강했다. 딜런은 뉴욕에서 병으로 입원해 있던 그를 만나고 나서 '나는 거스리의 가장 훌륭한 제자가 되겠다'고 맹세했다고 한다.

　뉴욕의 그리니지 빌리지를 떠돌면서 연주를 하던 밥 딜런은 스스로 창작한 포크음악 2곡과 블루스와 복음성가들을 묶어서 1962년 3월에 첫 앨범인 『밥 딜런Bob Dylan』을 발표했다. 이 음반은 첫 해에 겨우 5,000여 장이 팔려 가까스로 수지타산을 맞추었다.

　그는 바로 그해 8월 법적 절차를 밟아 로버트 앨런 지머만이라는 이름을 밥 딜런으로 바꾸었다. 그리고 12월에 영국을 처음으로 방문해서 BBC 방송에 나갈 드라마 삽입곡으로 장차 그의 대표곡 가운데 하나로 꼽히게 될 「바람에 실려서」를 녹음했다. 이 노래는 베트남의 자주와 독립을 침해하는 미국의 부당함과 인명살상의 비인도적 본질을 은유로 표현함으로써 세계적으로 뜨거운 호응을 얻었다. 1절은 이렇다.

How many roads must man walk down
Before you call him a man
한 남자가 얼마나 많은 길을 걸어 내려가야
남자라고 불릴 수 있을까
How many seas must a white dove sail
Before he sleeps on the sand
한 마리 비둘기가 얼마나 많은 바다를 날아야
모래밭에서 잠잘 수 있을까
How many times must the cannonballs fly
Before they forever banned
대포알들은 얼마나 많이 날아야
영원히 추방될 수 있을까
The answer, my friend, is blowin' in the wind
The answer is blowin' in the wind
내 친구여, 그 대답은 부는 바람 속에 있다네
그 대답은 부는 바람 속에 있다네

딜런은 1963년 5월 두 번째 앨범인 『자유롭게 달리는 밥 딜런

The Freewheelin' Bob Dylan』을 발매했다. 거기 실린 많은 곡들은 부분적으로 우디 거스리에게서 영감을 받은 '저항의 노래'라는 평가를 받았다.

1963년 8월 28일, 미국의 공민권운동사에 기념비적 사건이 일어났다. 마틴 루터 킹 목사를 비롯한 흑인들과 백인 동조자들이 주도한 '워싱턴 대행진'이 바로 그것이었다.

시위자들이 모여들자 워싱턴광장 부근에 자리 잡고 있던 포크 싱어들이 환영해주었다. 존 바에즈가 「오, 자유 Oh, Freedom」를, 오데타가 「내 길을 가련다 I'm On My Way」를 불렀다. 이어서 스물두 살의 아티스트 밥 딜런이 헝크러진 머리를 한 채 가냘프고 긴장된 모습으로 마이크를 넘겨받았다. 그는 거대하게 운집한 아프리카계 미국인 군중 앞에 서서 아무 말도 없이 두 곡의 노래만 부른 후 무대를 내려왔다. 그 노래는 둘 다 최신곡이어서 청중은 물론 동료 포크 싱어들에게조차 낯설었다. 하지만 당시 상황에 완벽하게 들어맞는 곡들이었고, 그날 다른 싱어들이 부른 곡들과는 다른 무엇인가가 느껴졌다.

첫 번째로 부른 곡은 「배가 들어오면 When the Ship Comes In」. 딜런은 이 노래로 민중의 거대한 폭발에 축배를 들었다. '바다가 갈라지고 해안선이 흔들리는' 그 거대한 폭발에 '태양은 갑판 위에 서 있는 모든 얼굴들에게 경의를 표할 것'이며 '물고기들이 웃음을 터뜨릴 것'이며, 심지어 '모래 위로 바위들이 우뚝 솟아오를'

것이다! 모든 것을 아우르는 무한한 자유를 담은 딜런의 '배'는 '저항운동' 그 자체였다. 이 '배'는 '그날'을 예고하며 사람들 속으로 들어오고 있었다.

(―마이크 마퀴스 지음, 김백리 옮김, 『밥 딜런 평전』, 28~29쪽)

「배가 들어오면」에 이어 딜런은 암살당한 흑인 지도자 메드거 에버스를 추모하는 노래인 「그는 단지 하수인이었을 뿐Only a Pawn in Their Game」을 불렀다. 이 곡은 에버스를 암살한 자와, 특히 암살자를 낳은 정치체제를 겨냥한 것이었다.

딜런은 1964년 후반부터 최신 유행의 복장을 하고 밤낮으로 선글래스를 끼고 다니면서 포크음악에서 포크록의 스타로 탈바꿈했다. 그는 1965년 3월에 발표한 앨범 『그 모두를 돌려다오Bring It All Back Home』의 녹음에 전기기타를 사용했다. 그해 7월에 싱글로 낸 『구르는 돌처럼Like a Rolling Stone』은 미국과 영국의 차트에서 각각 2위와 4위에 올랐다. 2004년 『롤링 스톤』은 '사상 최고의 노래 500곡' 목록 가운데 이 노래를 1위에 올렸다.

1965년 11월 딜런은 한 살 위인 모델 출신의 세러 로운즈와 결혼했다. 그는 이듬해 7월 말 뉴욕 주의 우드스탁에 있던 집 부근에서 오토바이 사고로 척추를 다쳐 8년 동안 순회공연에 나서지 않았다.

저항적인 포크음악으로 미국의 많은 지식인들과 공민권운동가들의 사랑을 받던 딜런은 1979년 8월에 발표한 『느린 기차가 오고 있네 Slow Train Coming』라는 앨범을 통해 기독교 근본주의를 받아들였다.

이 무렵의 작품에는 익히 알려진 딜런의 특징이 잘 드러나 있다. 「누군가에게 봉사하라Gotta Serve Somebody」의 종말론적인 이론은 「배가 들어오면」에서도 들을 수 있는 것이었다. 진정성 추구는 더 높은 권능에 대한 복종으로 이어졌고, 자유에 대한 예언은 「사형 예찬에 대한 소네트Sonnets in Praise of Capital Punishment」를 쓴 윌리엄 워즈워드처럼 독단과 가혹한 숙명론으로 빠져들었다.

(—같은 책, 285쪽)

비틀스 출신의 존 레넌은 밥 딜런의 그런 변신을 노골적으로 비판했다. 그는 「누군가에게 봉사하라」라는 딜런의 노래에 대해 「너 자신에게 봉사하라Serve Yourself」는 곡으로 응답했다. 좌파적 성향의 무신론자들이 보기에 딜런이 극히 보수적인 기독교 근본주의자로 '전향'한 사실은 충격적이었을 것이다. 그러나 1979~1980년에 마가렛 대처, 로널드 레이건 같은 우익 기독교 정치인들이 세계적 지도자로 군림하게 되자 기독교에 대한 딜런의 자세는 회의적으로 바뀌기 시작했다. 1983년에 그는 사회적 애국심을 고취하는 「저무는 미국Union Sundown」을 비롯해서 이스라엘의 팔레스타인 침공을 비판하는 「깡패 같은 이웃Neighborhood Bully」 같은 곡들로 되돌아갔다.

2006년 8월, 딜런은 앨범 『모던 타임스Modern Times』를 발표하면서 모던 사운드 녹음보다 스튜디오 녹음이 열 배는 나을 것이라고 단언했다. 이 작품은 1976년의 『열망Desire』 이래 그의 앨범으로는 처음으로 미국 차트 1위에 올랐다. 2009년 4월 딜런은 『평생 함께

Together through Life』라는 앨범이 '빌보드 차트 200'에서 1위에 오름으로써 그 부문에서 최연장자(68세)라는 기록을 세웠다.

밥 딜런은 음악으로나 문학으로나 뛰어난 업적을 이루었다. 『롤링 스톤』은 2004년 '역사상 가장 위대한 예술가들' 명단에서 비틀스 다음으로 그를 2위에 올렸다. 미국의 크리스토퍼 릭스 교수는 딜런의 음악작품들에 대해 500쪽이나 되는 분석서를 펴내면서 그를 T. S. 엘리엇, 키츠, 테니슨과 같은 반열에 올리기까지 했다. 1996년 이래 많은 학자들이 딜런에게 노벨문학상을 수여하라고 스웨덴 한림원에 로비를 해오고 있다.

**존 바에즈 - 반전과 평화를 노래한 운동가**

내가 1960년대 중반에 세시봉에서 존 바에즈의 노래를 처음 듣고 가장 먼저 느낀 것은 '신비함과 그윽함'이었다. 지금 기억하기로는 「도나 도나Donna Donna」 「쿰바야Kumbaya」 「우리 승리하리라We shall Overcome」 같은 곡들이었다.

'저렇게 우아하고도 신비한 목소리로 노래를 부르는 여자 가수는 도대체 누구일까? 그 곡들의 내용은 무엇일까?'

나는 그날 밤 잠을 이루지 못하면서 그 가수와 노래들을 생각했다. 그날 이후 45년이 지난 지금까지 존 바에즈는 내가 가장 좋아하고 존경하는 가수 가운데 한 사람으로 살아 있다.

존 바에즈는 1941년 1월 미국 뉴욕 시의 스태튼 아일랜드에서 태어났다. 멕시코에서 감리교 목사이던 할아버지는 존의 아버지 앨버트가 두 살 때이던 1914년 미국으로 이주했다. 뉴욕의 브루클린에서 자란 앨버트는 수학과 물리학을 전공하고 나서 엑스선 현미경을 공동 발명함으로써 유명한 과학자가 되었다.

바에즈 가족은 존이 어린 시절 퀘이커교로 개종했다. 존 바에즈가 평화주의와 사회 정의에 헌신한 데는 퀘이커교의 가르침이 큰 영향을 끼쳤다고 한다. 어머니 존 브리지 바에즈는 스코틀랜드의 에딘버러에서 태어났다. 아버지는 성공회 사제였다. 이렇게 존 바에즈의 가문에는 다양한 문화적 전통이 맞물려 있었다.

아버지가 유네스코에서 보건 전문가로 일했기 때문에 바에즈 가족은 영국, 프랑스, 스위스, 이탈리아, 캐나다, 이라크 등 여러 나라에서 살아야 했다.

존 바에즈는 정규적으로 음악 교육을 받은 적이 없었다. 어릴 적에 아버지의 친구가 선물로 준 우쿨렐레로 리듬 앤 블루스를 연주해 본 것이 전부였다. 존은 여덟 살 때 피트 시거*의 콘서트를 보고 깊은 감명을 받았다고 한다.

존 바에즈는 피트 시거의 노래들을 연습한 뒤 사람들 앞에서 부르

---

● **피트 시거**(1919~ )
미국의 포크음악가로 1950년대 중반에 포크음악을 부활시킨 전설적 인물. '위버스'의 멤버로 활동하다가 매카시즘이 기승을 부리던 시기에 '블랙리스트'에 올랐다. 1960년대에 재기해서 국제 비무장, 공민권, 환경 보호를 지지하면서 저항음악 가수로 이름을 떨쳤다.
작곡가로서 그는 「그 모든 꽃들은 어디로 갔나?Where Have All the Flowers Gone?」「내게 망치가 있다면If I Had a Hammer」 같은 명곡을 남겼다.

기 시작했다. 그는 열여섯 살 적인 1957년에 처음으로 통기타를 샀다고 한다.

1958년 존의 아버지가 매사추세츠공대MIT의 교수가 되자 가족은 보스턴 교외로 이사했다. 그 무렵에 그 지역은 미국 포크음악의 중심지였다. 바에즈는 여러 클럽에서 연주를

존 바에즈, 『존 바에즈 골든 프라이즈』, The King Record, 1981

하다가 보스턴대학교에 입학했으나 단 6주만 다니고 중퇴했다. 이것이 그의 최종 학력이다.

1958년에 존 바에즈는 하버드대가 있는 케임브리지의 '클럽 47'에서 첫 번째 콘서트를 열었다. 청중은 부모와 여동생 미미, 친구 몇 사람 등 모두 여덟 명이었다. 바에즈는 출연료로 10달러를 받았다고 한다.

몇 달 뒤 바에즈는 포크 애호가 두 사람과 함께 베리타스 음반사에서 첫 음반을 녹음했다. 『하버드 광장 언저리의 포크가수들』이라는 제목이었다. 그 뒤 그는 당대의 가장 저명한 포크가수인 밥 깁슨과 오데타를 만났다. 그 두 사람은 성악가인 마리안 앤더슨, 피트 시거와 함께 존 바에즈에게 가장 큰 영향을 끼쳤다.

깁슨은 1959년의 뉴포트 포크 페스티벌에서 함께 연주하자고 바에즈를 초청했다. 그들은 듀엣이 되어 「동정녀 마리아에게 한 아들이 있었네Virgin Mary Had One Son」와 「우리는 요단강을 건너고 있다오

We Are Crossing Jordan River」를 불렀다.

그 공연을 보고 뱅가드 음반사가 바에즈와 녹음 계약을 맺었다. 대형 음반사인 콜럼비아가 먼저 계약하자고 제안했지만 바에즈는 작은 규모의 레이블에서 출발하는 것이 좋겠다면서 사양했다고 한다.

첫 번째 앨범인 『존 바에즈Joan Baez』는 1960년 뱅가드에서 나왔다. 포크 발라드, 블루스 등을 바에즈 자신의 기타 반주로 녹음한 그 앨범은 꽤 많이 팔렸다. 이 앨범에 수록된 「메리 해밀턴Mary Hamilton」은 단 나흘 만에 취입했다고 한다.

1961년에 나온 『존 바에즈』 제2집은 '골드'를 기록했다. 그리고 『콘서트 속의 존 바에즈Joan Baez in Concert』 제1집(1962)과 제2집(1963)도 마찬가지였다. 밥 딜런은 바에즈의 1963년 제2집 커버에 처음으로 등장했다. 당시에는 무명이던 딜런을 바에즈가 대중에게 소개했던 것이다.

바에즈는 1966년에 낸 앨범 『안녕, 안젤리나Farewell, Angelina』에 딜런의 몇 곡을 삽입했고 기타 외에 다른 악기들도 반주에 사용했다.

존 바에즈는 1961년 뉴욕 시 그리니지 빌리지에 있는 거즈 포크 시티에서 동갑내기인 밥 딜런을 처음으로 만났다. 그 무렵에 바에즈는 이미 데뷔앨범을 내고 '포크의 여왕'으로 인기가 급상승하고 있었다. 바에즈는 딜런이 처음으로 작곡한 노래들 가운데 하나인 「우디(거스리)에게 바치는 노래Song to Woody」를 듣고 깊은 인상을 받아 자기가 그 곡을 취입하고 싶다고 말했다. 그때부터 두 사람의 관계는 깊어지기 시작했다.

1963년까지 바에즈와 딜런은 앨범을 세 개 발표했다. 그 가운데 둘은 '골드'를 기록했다. 딜런을 만나기 전까지 바에즈는 시사적時事的인 노래를 별로 부르지 않았다. 「우리 승리하리라」를 포함해서 두어 곡을 레퍼토리로 가지고 있을 뿐이었다. 그러나 딜런과 만나면서 바에즈는 저항과 사회 정의에 관심을 갖게 되었다.

그들은 세상에 널리 알려진 연인으로 지냈다. 그러나 1965년 딜런이 영국 순회공연에 나설 무렵 두 사람의 사랑은 식기 시작했다.

1967년 10월 바에즈와 어머니 그리고 70여 명의 다른 여자들이 캘리포니아 주의 오클랜드에서 체포되었다. 그때 미국은 베트남 전쟁의 수렁에 깊숙이 빠져 있었다. 바에즈는 세계의 많은 지성인들이 '추악한 전쟁'이라고 비판하던 베트남 전쟁을 반대하는 대열의 선두에 나섰다. 바에즈 일행은 오클랜드의 미군 징집센터 정문에서 젊은 입소자들이 들어가는 것을 막고 입대를 거부하는 청년들을 지지했다.

바에즈 일행은 샌타 리타라는 구치소에 수감되었다. 바에즈는 거기서 장차 남편이 될 데이빗 해리스를 만났다. 해리스는 남자 감방에 있었지만 바에즈가 있는 여사女舍를 자주 찾아갔다고 한다.

두 사람이 석방된 뒤 바에즈는 스탠포드대학교 부근에 있던 해리스의 '징집반대운동본부'로 이사했다. 그들은 두 달 동안 사귀고 나서 결혼하기로 결정했다. 미국의 언론은 그 사실을 대대적으로 보도했다. 시사주간지 『타임』은 그 사건을 '세기의 결혼'이라고 불렀다.

1968년 3월 26일 '평화'라는 구호들로 장식된 뉴욕 시의 교회에서 바에즈와 해리스는 성공회와 퀘이커 식으로 결혼서약을 하면서 예식을 올렸다. 그들은 '투쟁의 산'이라고 불리던 징집반대운동본부에 신접살림을 차린 뒤 정원을 손질하면서 엄격한 채식주의자로 살았다.

결혼한 지 아홉 달밖에 안 된 1969년 7월, 징집을 거부하던 데이빗 해리스는 기소되어 감옥으로 끌려갔다. 임신한 바에즈는 우드스탁 페스티벌에 나가서 새벽에 노래를 불렀다.

그해에 아들 가브리엘이 태어났다. 해리스는 15개월 동안 옥살이를 하고 풀려났다. 그러나 부부의 관계가 차츰 소원해지기 시작하더니 바에즈와 해리스는 1973년에 이혼했다. 아들을 공동양육하기로 하고 해리스와 헤어진 바에즈는 자서전에 이렇게 썼다.

"나는 혼자 살 팔자로 태어난 모양이다."

바에즈는 1970년대 초에 애플컴퓨터의 창립자인 스티브 잡스와 사귀었으나 결혼에 이르지는 못했다. 만약 바에즈가 잡스의 부인이 되었다면 언론은 다시 '세기의 결혼'이라고 호들갑을 떨었을 것이다.

존 바에즈는 1971년 뱅가드 음반사와 결별하고 A&M 레코드사로 옮겨서 4년 동안 네 개의 앨범을 냈다. 1973년에 발표한 「내 아들아, 지금 어디 있니? Where Are You Now, My son?」는 앨범의 B면 전부를 차지한 23분짜리 노래이다. 이 노래는 바에즈가 1972년 12월 북베트남의 수도 하노이를 방문했던 때에 관한 내용을 담고 있다. 바에즈 일행은 하노이와 하이퐁에 대한 미군의 '크리스마스 폭격' 때문에 열하루 동안이나 그곳에 갇혀 있어야 했다.

존 바에즈

　1974년에 나온 바에즈의 앨범 『그라시아스 아 라 비다Gracias a la Vida』는 미국과 라틴아메리카에서 큰 성공을 거두었다. 거기 실린 노래 「쿠쿠루쿠쿠 팔로마Cucurrucucu Paloma」는 요즈음도 음악방송에 자주 나온다.

　바에즈는 1975년에 생애 최고의 판매고를 기록한 앨범 『다이아몬드들과 녹Diamonds & Rust』을 발표했다. 표제곡인 「다이아몬드들과 녹」은 바에즈가 작사·작곡한 노래다. 뉴욕의 그리니지 빌리지에 있는 싸구려 호텔에서 애인(밥 딜런인 듯)에게 커프 링크스 한 쌍을 선물하던 기억을 되살려 쓴 것이다. 「다이아몬드들과 녹」은 세월은 사람들에게 행복한 추억과 나쁜 기억을 함께 남겨준다는 뜻이라고 한다. 음악평론가들은 물론이고 많은 팬들은 이 노래를 '바에즈 작품 가운데 최고의 하나'라고 평가했다.

존 바에즈는 1980~1990년대는 물론이고 환갑을 넘긴 21세기에 들어서도 음악과 운동 양면에서 활발하게 움직였다. 1991년에는 「무기를 든 형제들Brothers in Arms」, 1997년에는 「위험에서 벗어나다 Gone from Danger」라는 앨범을 발표했다. 2000년대에도 왕성하게 창작과 연주를 계속하고 있는 바에즈는 2009년 8월 2일 제50회 뉴포트 포크 페스티벌에 출연했다. 그 페스티벌 제1회에서 노래를 부른 지 50년 만의 일이었다.

존 바에즈는 자유와 평화라는 대의를 따라 젊은 시절부터 초지일관 살아온 보기 드문 예술가이자 운동가이다. 그녀는 열여섯 살 적인 1957년에 시민불복종 운동에 처음 참여한 이래 1960년대 중반 공민권 운동의 주역이 되었다. 1966년에 그는 이주 노동자들의 공정 임금, 안전한 작업 여건을 위한 투쟁에 동참했다.

바에즈는 미국의 베트남 참전에 반대하면서도 북베트남의 인권 유린을 바로잡기 위해 하노이를 찾아가서 미군 포로들에게 크리스마스카드를 전해주었다. 미국의 좌파 일부는 바에즈의 그런 행동을 못마땅하게 여겼으나 그의 태도는 단호했다.

바에즈는 1981년 군사독재에 시달리던 칠레, 브라질, 아르헨티나를 방문해서 민중을 위해 공연을 하려다가 감시와 죽이겠다는 협박을 당했다. 1989년에는 중국의 '천안문 학살'을 비판하는 노래인 「중국China」을 써냈다.

그밖에도 바에즈는 동성애 권리, 환경오염, 빈곤, 이라크 전쟁, 사형제 폐지에 관해 적극적으로 발언하면서 행동에 나섰다. 역대 대통령 선거에서 특정 후보에 대한 지지 의사를 밝힌 적이 없는 바에즈는 2008년에 처음으로 '버락 오바마를 대통령으로 뽑자'는 내용의 글을 일간지인 『샌프란시스코 크로니클』에 실었다.

2011년에 고희를 맞이한 존 바에즈의 음악과 실천운동은 나에게 언제나 외경심을 일으킨다.

# 지금도 그리운 노래들

1950년 6월 25일에 터진 한국전쟁은 민족으로서는 최대의 비극이었지만, 문화적 차원에서는 남한 사회에 음양으로 큰 영향을 끼쳤다. 연합국의 주축인 미국이 문화적 격변을 일으킨 주역이었다.

음악 분야에만 한정해서 보더라도 미국의 팝음악은 1945~1948년의 미군정 시기에 비해 1950년 이후에는 그야말로 물밀듯이 쏟아져 들어왔다. 1950년 10월 4일 주한미군방송(AFKN, 지금은 AFN Korea)이 서울에서 첫 전파를 발사하면서 대량전달 시대가 시작된 것이다. 미군은 1957년에는 텔레비전, 1964년에는 FM, 1971년에는 FM 스테레오 방송을 열었다.

1957년부터 2007년까지 꼭 반세기 동안 주한미군 텔레비전이 영상을 통해 우리나라에 전파한 팝음악은 '신식민주의적'이라든지 '퇴폐적 상업주의'라는 평가와는 별개로 한국 대중음악에 가장 광범하고도 강력한 영향을 끼친 것이 사실이다.

### '미스 다이너마이트' 이금희

충청남도 시골에서 중학교 1학년을 마치고 1958년 봄 서울로 전학한 내가 처음으로 들은 서양 팝음악은 「비밥 어 룰라Be-Bop-A-Lula」

6.25 직후 부산에 도착한 미해병(1950. 7. 31)

(진 빈센트 노래, 1956)였다. 같은 반의 몇몇 아이들이 쉬는 시간에 교실이나 운동장에서 '삐빠빠 룰라 쉬즈 마이 베비'를 부르면서 '섹시하게' 온몸을 꼬는 시늉을 하고 있었다. 먼 소재지인 소읍에서 기껏해야 라디오로 우리나라 유행가를 들어본 경험밖에 없는 나는 그 아이들의 노래가 괴상하면서도 재미있게 들렸다.

더 놀라운 것은 음악시간에 선생님이 들려주신 서양 클래식 음악이었다. 요한 슈트라우스 2세의 「빈 숲속의 이야기」, 모차르트의 「아이네 클라이네 나흐트 무직」 같은 곡들은 신비한 음악으로 내게 다가왔다. 나의 '서양 클래식 음악 편력'은 이 책의 주제에서 벗어나므로 여기서는 더 이야기하지 않겠다.

같은 반의 어떤 아이들은 '삐빠빠 룰라'뿐 아니라 「유어 치팅 하

마릴린 먼로, 6.25 휴전 직후 한국주둔 미군 위문공연 때 모습, 1954

트」(원제목은 「속이기 잘하는 그대 마음Your cheatin' Heart」)까지 자랑스럽게 불러댔다. 자료를 검색해보니 이 노래는 미국의 컨트리 음악 가수이자 작곡가인 행크 윌리엄스가 1952년에 발표한 작품이다. 한국전쟁 시기에 만들어진 미국 노래가 5, 6년 뒤 한국에서 크게 유행하고 있었던 것이다.

「비밥 어 룰라」나 「속이기 잘하는 그대 마음」에 이어 우리나라에 전해진 「다이아나Diana」(폴 앵카 노래, 1957)의 인기는 문자 그대로 폭발적이었다. 큰길가의 전축 가게에서 그 노래가 울려 퍼지면 아이들과 어른들이 제자리에 멈춰 서서 귀를 기울이는 모습을 흔히 볼 수 있었다. 나도 그런 무리 속의 한 사람이었다.

중학교 3학년 때인 1959년 어느 여름날, 나는 한 동네 사는 대학생한테서 남대문에서 멀지 않은 어떤 건물에 그런 노래들을 직접 연주하는 악단과 가수들이 나온다는 '정보'를 입수했다. 자장면 한 그릇 값이면 거기 입장할 수 있다는 말을 듣고 나는 한 2주쯤 버스를 안 타고 학교까지 걸어갔다 걸어오면서 '목돈'을 만들었다.

마침내 그 공연장에 갈 수 있는 날이 왔다. 이렇다 할 사복이 따로 없던 나는 교복 차림에 교모를 쓰고 충무로 입구 맞은 편 동화백화점(지금의 신세계백화점) 4층인가 5층에 있던 그곳을 찾아갔다. 매표구 앞에는 '김광수와 그의 악단' 멤버들의 연주 장면을 찍은 포스터가 붙어 있었다. 그런데 이상하게도 중학생인 내가 표를 내고 들어가는데 '기도 아저씨'가 선뜻 받아들이는 것이었다*.

안에 들어가보니 객석이 150개쯤 되는 듯했다. 나는 맨 앞에서 대여섯 번째 줄에 앉아서 공연이 시작되기를 기다렸다. 드디어 밴드 마스터 김광수와 함께 단원들이 악기를 들고 등장했다. 주로 아코디언을 연주하는 김광수의 리드에 따라 연주되는 미국의 팝음악을 비롯해서 탱고 같은 라틴아메리카 곡들이 신나게 내 귀를 파고들

●고등학교 시절 충무로 세시봉에서 겪은 문전박대를 그때는 당하지 않았다

었다.

공연이 한 시간쯤 진행된 시간에 김광수 악단장이 이렇게 외쳤다.

"여러분이 기다리고 기다리시던 미스 다이너마이트 이금희 양을 소개합니다."

그 시절 여자 키로는 큰 편으로 160센티미터를 넘을까 말까 한, 풍만한 몸매의 앳된 처녀가 무대에 나타났다. 대학생들을 비롯한 어른 청중은 이미 그 가수를 익히 알고 있는 모양이었다.

이금희는 첫 곡으로 폴 앵카의 「사랑한다고 내게 말해줘요Tell Me That You Love Me」를 불렀던 것 같다. 청중은 이금희가 머리부터 발끝까지 온몸을 신명나게 흔들면서 부르는 그 노래를 가만히 앉아서 듣지 못했다. 처음에는 한두 명이 일어서더니 나중에는 거의 모두가 기립해서 손뼉을 치며 환성을 질렀다. 나 혼자만이 청중의 숲속에 앉아 있을 뿐이었다. 나는 그때 이런 생각을 하고 있었다.

'저런 누나가 있다면 얼마나 좋을까? 이런 공연도 공짜로 보고……'

이금희는 이어 「다이아나」를 불렀다. 노래를 마치고 무대 뒤로 들어간 그를 열띤 박수가 다시 불러들였다. 그는 「싱 싱 싱Sing Sing Sing」을 비롯해서 무려 대여섯 곡을 더 불렀다. 그래도 청중은 그를 보내려고 하지 않았다.

나는 이금희가 왜 '미스 다이너마이트'라는 애칭을 얻었는지 이해할 수 있었다. 그는 그 시절 유행하던 식 표현으로 하면 '여성 폴 앵카'라고 할 만했다.

1941년 7월에 태어난 폴 앨버트 앵카는 싱어 송 라이터이자 배우였다. 그는 1950년대 말부터 1960년대까지 10대의 우상이었다. 그는 비슷한 시기에 활동한 엘비스 프레슬리 같은 카리스마를 갖추지는 못했으나 특히 젊은 여성들 사이에서 인기가 높았다.

그는 프랭크 시나트라가 1969년에 발표해서 팝음악의 고전이 되다시피 한 「마이 웨이My Way」의 노랫말을 쓸 정도로 뛰어난 문학적 자질을 지닌 사람이었다. 1983년에는 마이클 잭슨과 함께 「나는 결코 들은 적 없어요 I Never Heard」를 창작하기도 했다. 그는 1990년 미국으로 귀화했다.

폴 앵카가 자신의 노래를 여성의 취향에 맞게 불렀다면 이금희는 걸쭉한 목소리로 힘차게 불렀다.

나는 동화백화점 공연장에서 이금희의 노래 공연을 두서너 번 더 보고 고등학교 입학시험 준비 때문에 더는 그곳에 갈 수가 없었다. 무대에 선 그를 다시 보게 된 것은 1961년 서울 을지로 4가 국도극장에서 열린, 미8군 쇼에 출연하는 인기 가수들과 밴드들의 경연장에서였다.

당시 한국에 주둔하던 미8군 장병들을 위문하는 형식으로 '한국연예협회'라는 이름의 회사가 '제공'하던 쇼는 실력 있는 음악인들을 총망라한 화려한 무대였다.

미8군 쇼에 출연하기를 원하는 가수와 밴드는 반드시 오디션을 거쳐야 했다. 국내 극장이나 방송보다 출연료가 엄청나게 높았기 때문에 한국의 내로라하는 연예인들이 오디션에 모든 것을 걸다시

피 했다. 미국에서 6개월마다 파견하는 심사위원들이 한국에서 오디션을 본 뒤에 스페셜 A, 더블 A, 싱글 A식으로 등급을 매겼다.

미8군 쇼에서는 밴드와 가수들이 미국의 컨트리 음악, 리듬 앤 블루스, 로큰롤 등을 연주했고 춤, 코미디, 마술 같은 버라이어티 쇼를 펼치기도 했다. 1950년대 말 미8군 쇼가 가장 호황을 누리던 시기에 미군 클럽은 264곳이나 되었다. 한국 연예인들이 한 해 동안 올린 수입은 120만여 달러로 당시 수출액 100만 달러보다 훨씬 높았다.

그렇게 화려한 미8군 쇼 무대에서 이름을 떨치던 음악인들은 나중에 나라 안팎에서 대중의 스타가 되었다. 김 시스터즈, 한명숙, 현미, 최희준, 패티 김, 이금희, 위키 리, 윤복희, 유주용 등이 바로 그들이었다. 조영남은 미8군 쇼의 막내였다. 연주자로는 김희갑, 이봉조, 엄토미, 김인배가 유명했다.

1961년에 열린 국도극장의 미8군 쇼 경연장에서 이금희는 마지막으로 무대에 나섰다. 그가 「다이아나」를 부르기 시작하는 순간 관중은 모두 일어섰다. 내가 2년 전 동화백화점에서 본 공연의 손님은 150여 명이었는데 이번에는 1,000명이 넘었다. 이금희가 세 곡을 부르고 들어가려고 하자 관중은 미친 듯이 '앙코르'를 외쳤다. 내가 기억하기에 그는 무려 7, 8곡을 더 불렀다. 그리고 나서도 객석의 박수는 끊이지 않았다.

내가 1966년 세시봉에서 대학생의 밤을 기획하고 진행하던 때 이금희는 「키다리 미스터 김」이라는 노래로 우리나라 사람들에게 널리 알려졌다. 그는 탁월한 음반 기획자 황우루를 만나서 그 노래를 발표하면서 계층을 뛰어넘은 대중의 사랑을 받게 되었다.

> 키다리 미스터 김은 싱겁게 키는 크지만
> 그래도 미스터 김은 마음씨 그만이에요
> 세상에 키 크고 싱겁지 않은 이 없다고 말을 하지만
> 그러나 그이는 그렇지 않아요 정말로 멋쟁이에요
> 건들건들 걸을 때는 매력이 흘러 넘쳐요
> 키다리 미스터 김에게 나 홀랑 반했어요

나는 1966년 가을 어느 날 어렵사리 연락처를 알아내서 이금희를 찾아갔다. 대학생의 밤에 관해 설명을 하고 출연해 달라고 정중하게 부탁했더니 선선히 응낙했다.

이금희가 올라선 세시봉 무대는 너무 좁았다. 그가 젊은이들의 거듭된 재청에 따라 7, 8곡을 부르는 동안 장내는 열기로 터져 나갈 듯했다.

내가 이금희를 다시 만난 것은 그때부터 33년이 지난 1999년 초여름이었다. 당시 한 언론사의 경영책임을 맡고 있던 나는 베트남과 공적, 사적으로 깊은 관계를 맺고 있었다. 베트남 전쟁 때 한국 남자들이 그 나라 여성들과 '동거'하면서 낳아놓은 뒤 귀국함으로써 고아가 되다시피 한 '라이따이한(한국 혼혈아라는 뜻)'을 돕는 사업이 개인적인 일이었고 베트남 국영 통신사인 VNA와 교류하는 것이 공

적인 업무였다.

그해 6월 내가 잘 아는 조원일 주베트남 한국대사가 그 나라에 한국 문화를 소개하자고 하기에 '문화사절단'을 구성하고 베트남으로 갔다. 예총 가수분과위원회 위원장 김광진에게 이금희와 함께 갈 수 없겠느냐고 물었더니 흔쾌히 주선을 해주었다.

김광진, 이금희를 포함한 가수 4명, 경기문화재단 소속 무용팀과 사물놀이패 등 20여 명으로 구성된 문화사절단은 수도 하노이와 호치민시에서 각각 2,000여 명이 넘는 관중 앞에서 공연을 했다. 그때도 마지막으로 무대에 오른 이금희는 베트남 청중의 열광적인 환호와 갈채를 받았다. 만 59세 초로의 여성이 20대 처녀보다도 열정적으로 노래를 불렀기 때문이다.

내가 공연이 끝난 뒤 뒤풀이 때 '까까머리 소년 시절 동화백화점에서 이금희 선생의 팬이 되었다'고 실토했더니 그는 신기하다는 듯이 소녀처럼 깔깔 웃었다.

그런 이금희가 '원로가수'가 되어 병상에 누웠다. 65세 되던 해인 2005년 뇌출혈로 인한 합병증으로 사경을 넘나들며 투병생활을 하고 있다는 신문기사를 보고 그 사실을 알았다. 텔레비전 뉴스에 비친 그의 얼굴에는 산소호흡기가 달려 있었다. 호호백발이 된 노인의 초췌한 모습에서 '한국 최초 댄스가수'의 자태는 찾아볼 수가 없었다.

부산 경남여고 3학년 때 아버지가 중병을 앓아 가세가 기울자 성악가의 꿈을 포기한 뒤 가족 몰래 보따리를 싸들고 오빠 친구이던 가수 송민도를 따라 무작정 상경했다는 열아홉 소녀 이금희. 그 뒤 4년 만에 미8군 쇼 무대의 여왕이 된 처녀 이금희. 그는 1965년에 결혼해서 두 번이나 유산을 한 뒤 가수 생활까지 포기하고 가까스로 외동딸을 낳았다고 한다. 1977년 남편과 이혼하고 딸을 뒷바라지하는 데 온갖 정성을 쏟던 어머니 이금희는 병마를 이기지 못하고 2007년 2월 20일 세상을 떠났다.

내가 만난 이금희는 인정이 많고 너그러우며 연예인의 재능이 철철 넘치는 인물이었다. 그가 '세시봉 친구들'처럼 노년에 대중의 사랑을 받지 못하고 떠난 것이 참으로 애통하다.

**루이 암스트롱과 레이 찰스**

MBC 설특집 '세시봉 콘서트'에서 단 한 번의 텔레비전 출연으로 시청자들을 놀라게 한 사람이 있었다. 바로 이익균이다. 송창식, 윤형주와 함께 '세시봉 트리오'를 결성했다가 곧 입대하는 바람에 가수의 길에서 완전히 벗어났다는 그는 조각상처럼 깎은 듯이 보이는 준수한 얼굴에 중후한 바리톤 음성으로 깊은 인상을 주었다.

이익균은 송창식, 윤형주와 함께 「성자들이 행진해 들어올 때 When the Saints Go Marching In」와 「자메이카여 안녕 Jamaica Farewell」을 불렀다. 인터넷에는 이익균이 짧은 시간 동안 보여준 가창력에 감탄하는 글들이 많이 올랐다. 나는 세 사람의 노래를 들으면서 지금 세시봉 트리오를 다시 만든다면 노장 세대는 물론이고 젊은이들 사이에서도 크게 인기를 얻을 수 있을 것이라고 생각했다.

「성자들이 행진해 들어올 때」는 1960년대 중반 세시봉에서 자주 듣던 노래다. 이 노래는 흑인 가수이자 트럼펫 연주자인 루이 암스트롱의 상표처럼 되어 있었다. 그 시절에 영화에 나오던 그의 외모는 참으로 특이하고도 투박했다. 트럼펫이 고음부로 올라갈 때 그의 커다란 눈은 개구리눈처럼 부풀어 올랐다. 그는 입이 하도 커서 '국자 입Dipper Mouth'이라고 불렸다. 그보다 더 심한 별명은 '새치모(Satchmo, 작은 가방 같은 입satchel mouth의 준말)'였다.

세시봉에서 「성자가 행진해 들어올 때」가 들리면 젊은이들은 신바람이 나서 어깨를 들썩이고 발로 방아를 찧었지만 실제로 그 노래는 원래 장송곡이었다. 재즈의 발상지인 미국의 뉴올리언스에서는 관을 장지로 옮길 때 밴드가 행진하면서 음악을 연주했는데 그것을 '재즈 장례식'이라고 불렀다고 한다. 고달프게 살다가 세상을 떠나는 흑인의 영혼이 천국으로 가기를 빌면서 슬퍼하거나 통곡하기보다는 신나는 음악을 울린 것은 아니었을까?

1901년 뉴올리언스에서 태어난 루이 대니얼 암스트롱의 할아버지와 할머니는 노예였다. 그는 21세 때인 1922년 시카고로 이주해서 뉴올리언스 스타일의 밴드에서 음악 인생을 시작한 뒤 1920년대 중반부터 트럼펫과 코르넷을 창의적으로 연주하는 재즈음악인으로 이름을 떨치기 시작했다.

그는 재즈가 집단적 즉흥 연주에서 솔로 연주로 초점을 옮기는

● 판소리에서 소리꾼이 한 대목에서 다른 대목으로 넘어가기 전에 자유로운 가락으로 사설을 엮어 나가는 것

데 큰 영향을 끼쳤다는 평가를 받았다. 그는 얼핏 들으면 '귀에 거슬리는' 목소리로 노래하면서 표현력을 높이기 위해 가사와 멜로디를 자유자재로 변형시키는 즉흥연주의 대가였다. 우리말로 하면 '아니리'●의 명수였던 것이다.

그는 재즈의 대명사가 될 정도로 성공했으나 개인적인 삶은 불행했다. 네 번 결혼하고 모두 이혼하는 아픔을 겪었던 것이다. 그런 상처를 씻으려고 했기 때문일까? 그는 28년 동안 한 해 평균 300차례나 공연을 했다.

어떤 사람들은 암스트롱이 흑백으로 분리된 청중 앞에서 연주를 하고 공민권운동에 적극 참여하지 않는다고 비난했지만, 그 자신은 1960년대에 마틴 루터 킹 목사를 비롯한 운동가들에게 재정 지원을 열심히 했다고 한다. 그는 가난한 흑인들에게도 후하게 '보시'를 했다.

그가 즐겨 부르면서 연주하던 노래들은 셀 수 없이 많지만 내가 세시봉에서 크게 감흥을 느끼면서 듣던 곡들은 「블루베리 언덕Blueberry Hill」(1940), 「안녕, 달리!Hello, Dolly!」(1964), 「장미빛 인생La Vie en rose」●이었다.

1971년 세상을 떠나기 전에 그는 집에서 최신식 오디오 설비로 자신이 평생 녹음한 곡들을 들으며 다시 연습을 해서 음반을 냈다. 그런 노래들 가운데서 「참으로 놀라운 세상What a Wonderful World」(1968년에 첫 취입)은 영국의 여러 차트에서 한 달 동안 1위를 차지했다.

● 에디트 피아프가 1946년에 처음 불렀다.

나는 요즘도 전날 언짢은 일을 겪었거나 심난한 꿈을 꾸고 나서 아침을 맞으면 이 노래를 휘파람으로 불곤 한다. '국자 입'에서 흘러나오는 구수한 소리가 잠시라도 세상을 밝게 보이게 하기 때문이다.

I see trees of green and red roses too
나는 푸른 나무들과 빨간 장미도 보지요
I watch'em bloom for me and for you
나는 그들이 나와 당신을 위해 피어나는 것을 보지요
And I think to myself what a wonderful world
그래서 나는 참으로 놀라운 세상이라고 혼자서 생각합니다
(……)
I hear babies cry I watch them grow
나는 아기들이 우는 소리를 듣고 그들이 자라는 것을 보지요
(You know they're gonna learn a whole lot more than I know)
(아기들은 나보다 훨씬 더 많은 것을 알게 되겠지요)
And I think to myself what a wonderful world
그래서 나는 참으로 놀라운 세상이라고 혼자서 생각합니다

레이 찰스는 루이 암스트롱보다 한 세대 뒤에 태어난 가수, 작곡가 겸 피아니스트이다. 암스트롱이 '재즈의 왕'이었다면 찰스는 '소울 음악의 대부'였다.

세시봉에서 디스크자키가 레이 찰스의 음반을 틀면 청중은 어떤

때는 숙연해지고 다른 때는 어깨를 덩실거렸다. 「당신을 사랑하지 않을 수 없어요Can't Stop Loving You」의 절규하는 듯한 멜로디가 전자이고 「내 마음을 풀어 주오Unchain My Heart」와 「내가 무슨 말을 할까요What'd I say?」가 후자였을 것이다.

잘 알려져 있듯이 레이 찰스는 시각장애인이었다. 그는 1930년 9월 미국 조지아 주의 올버니에서 태어났다. 아버지는 철도 보선공이자 허드레 일꾼이었고 어머니는 농장에서 일했다. 레이가 갓난아기였을 적에 가족은 플로리다 주의 그린빌로 이사했다. 그는 다섯 살 때 녹내장으로 시력이 약해지기 시작하다가 일곱 살이 되자 실명하고 말았다.

어린 나이에 암흑천지에 빠져버린 그는 열다섯 살 때까지 8년 동안 농아학교에 다니면서 음악적 재능을 키웠다. 열 살에 아버지가, 5년 뒤에 어머니가 별세함으로써 그는 천애고아가 되었다. 레이 찰스가 만인의 심금을 울리는 소울 음악의 대표적 가수가 된 배경에는 육체적 절망과 일찍이 부모를 여읜 소년의 외로움이 도사리고 있었을 것이다.

레이 찰스는 학교에서 클래식 음악만을 배우다가 라디오에서 들은 재즈와 블루스에 매혹되어 팝음악으로 방향을 바꾸었다. 1945년에 학교를 중퇴한 그는 플로리다 주의 여기저기를 떠돌다 탬파에 정착해서 한 악단의 멤버가 되었다.

그가 대중에게 알려지기 시작한 것은 1949년 시애틀에서 「고백 블루스Confession Blues」라는 노래를 발표한 때부터였다. 그 작품은 리

듬 앤 블루스 차트에서 2위까지 올랐다. 본명이 레이 찰스 로빈슨이 던 그는 사람들이 유명한 프로 권투선수인 슈거 레이 로빈슨과 착각하지 않도록 이름을 레이 찰스로 줄였다.

 미국 팝음악계의 정상에 오르기까지 레이 찰스는 그야말로 파란만장한 삶의 과정을 거쳐야 했다. 2004년 테일러 핵포드 감독은 제

이미 폭스를 주연으로 제작한 영화 「레이」에서 레이 찰스의 생애를 생생하게 전달함으로써 이듬해 아카데미 시상식에서 작품상, 감독상, 남우주연상, 음향편집상을 받았다.

창밖을 날아다니는 벌새의 날갯짓 소리까지 들을 수 있을 만큼 뛰어난 청각과 음악적 재능을 타고난 레이는 어머니의 엄격한 고육

덕분에 장애인이라는 콤플렉스를 떨쳐버리고 가수의 길로 들어설 수 있었다. 발표하는 음반마다 놀라운 판매기록을 세웠지만 그는 어린 나이에 욕조에서 익사한 남동생의 환영을 떨쳐버리지 못하는가 하면 암흑 속의 공포에 시달렸다. 그는 절망감과 외로움에서 벗어나려고 마약에 손을 대기 시작했다.

레이 찰스의 삶은 시련과 고립의 연속이었다. 그는 두 번 결혼하고 이혼했다. 두 아내를 포함해서 여자 아홉 명 사이에서 태어난 자녀가 무려 12명이나 됐다.

열여섯 살에 마약을 시작한 레이 찰스는 여러 번 법망을 벗어나다가 1964년 체포되어 재판에서 5년 집행유예를 선고받았다. 그는 이듬해에 다시 마약 소지 혐의로 체포되었으나 병원에서 그 고질병을 고치고 1966년에 보석으로 풀려났다.

레이 찰스는 그 모든 시련과 고통을 이겨내고 「우는 시간Crying Time」(1966), 「레이의 초상화A Portrait of Ray」(1968), 「내 영혼의 화산활동Volcanic Action of My Soul」(1970), 「민중의 메시지A Message From the People」(1971) 같은 걸작 앨범들을 잇달아 발매했다. 그는 2004년 6월 10일 할리우드 부근의 베벌리힐스 자택에서 간암으로 숨을 거두었다.

지금부터 45년 전 세시봉에서 처음으로 들었던 레이 찰스의 노래 「내 마음을 풀어주오」가 지금도 귓전에 생생하다.

Unchain my heart, baby let me be
내 마음을 풀어 주오, 내버려 둬요
Unchain my heart cause you don't care about me
내 마음을 풀어 주오 그대는 나를 아랑곳도 하지 않으니
You've got me like a pillow case
그대는 나를 베갯집처럼 꿰매버렸다오
But you let my love to waste so
그러고도 내 사랑을 허비하게 만들다니
Unchain my heart, oh please, please set me free
내 마음을 풀어주오, 아 제발, 제발 나를 자유롭게 해주오

## 에디트 피아프와 이브 몽탕

MBC가 2010년 한가위에 '세시봉 친구들'을 내보내서 높은 시청률을 올리자 '세시봉'이 무슨 뜻이냐는 문의가 많이 들어왔다고 한다. 이제는 상당히 알려져 있듯이 프랑스어로 'C'est si bon'은 '아주 좋다'는 뜻이다. 영어로는 'It's so good'이라고 옮긴다.

음악감상실 세시봉의 이름을 누가 지었는지는 밝혀지지 않았다. 아마 1953년 충무로에 세시봉을 개업한 여성이 주한 미군사고문과 국제결혼을 한 사람이고 샹송을 잘 알고 있어서 그런 작명을 했으리라고 추측할 뿐이다.

「세시봉」이라는 노래는 1947년에 앙드레 오르네가 작사하고 앙리 베티가 작곡한 샹송이다. 영어 가사는 제리 실런이라는 사람이 썼다.

「세시봉」을 맨 처음으로 녹음한 사람은 벨기에계 독일인 앙겔레 두란트였다. 나중에 루이 암스트롱, 이브 몽탕, 대니 케이, 콘웨이 트위터 등이 이 노래를 음반으로 냈다. 샹송으로 가장 널리 알려진 것은 이브 몽탕의 노래이다.

음악감상실 세시봉의 디스크자키들이 틀어주던 노래들은 십중팔구가 미국의 팝음악이었다. 그러나 샹송을 비롯해서 이탈리아의 칸초네도 더러 들을 수 있었다.

'샹송' 하면 가장 먼저 떠오르는 인물은 에디트 피아프이다. 그는 1915년 1월에 태어나서 1963년 10월에 세상을 떠났으므로 우리가 세시봉에 드나들기 시작한 1964년에는 이미 고인이 되어 있었다. 그러나 피아프가 이 땅 위에 있지 않은 지금도 그의 노래는 살아 있는 사람이 부르는 음악처럼 들린다.

세계적으로 가장 널리 알려진 프랑스의 대중가수이자 문화적 우상인 에디트 피아프의 대표작들은 지금 70~80세가 된 이들에게 아련한 향수처럼 다가올 것이다. 「장미빛 인생La Vie en rose」(1946), 「아니오, 후회하지 않아요Non, je ne regrette rien」(1960), 「사랑의 찬가Hymne a l'amour」(1949), 「파담 파담Padam Padam」(1951) 등이 그렇다.

에디트 피아프의 일생은 문자 그대로 파란만장했다. 아버지는 거리의 곡예사였고 어머니는 카페에서 노래하는 알코올중독자였다. 부모는 갓난아기인 에디트를 버렸다. 그래서 그는 외증조모 아래서 자라다가 나중에는 어머니가 포주로서 데리고 있던 창녀들의 도움을 받으면서 살았다. 피아프는 세 살부터 일곱 살까지 각막염을 앓

아 실명하다시피 했다. 그때 창녀들이 돈을 모아 기적적으로 병이 낫게 해주었다.

14세 때부터 아버지를 따라 거리에서 노래를 부르기 시작한 피아프는 20세가 되던 1935년 파리의 한 나이트클럽 경영자의 권유에 따라 무대에 서게 되었다. 키가 142센티미터밖에 되지 않아 '꼬마 참새'라고 불리던 피아프의 불운은 거기서도 계속되었다. 나이트클럽 사장이 살해당하는 사건이 벌어지자 '공범'으로 몰린 것이다. 가까스로 풀려난 그녀는 1940년 유명한 배우 모리스 슈발리에, 당대 프랑스를 대표하던 시인이며 극작가인 장 콕토와 친구가 되면서 재기에 성공할 수 있었다.

1944년 피아프는 파리에서 가장 유명한 카바레였던 물랑 루주에서 여섯 살 아래인 이브 몽탕을 처음으로 만났다. 그가 오디션을 받으려고 그곳에 왔던 것이다. 당대 최고의 샹송 가수가 되어 있던 피아프가 보기에 몽탕은 미국의 카우보이처럼 노래하는 듯했다. 그러나 피아프는 188센티미터나 되는 훤칠한 키에 이탈리아의 전형적 미남인 몽탕의 매력에 금세 반해버렸다. 몽탕 역시 피아프의 노래와 강한 개성에 정신없이 빠져들었다.

피아프와 몽탕은 두 해 동안 동거했다. 피아프는 몽탕의 권유에 따라 술을 끊고 노래에 전념했다. 그동안 몽탕은 가수로 급성장해서 파리 에투알 극장의 무대에 서게 되었다.

그들의 사랑은 1946년 봄에 끝났다. 그때 프랑스 사람들은 젊고 잘생긴 몽탕이 유명해지자 피아프를 버렸다고 말했다. 그러나 몽탕은『회고록』에서 이렇게 밝혔다.

몽탕과 사소한 일로 말다툼을 한 뒤 그리스 순회공연을 갔다가 돌아온 피아프는 그를 서먹서먹하게 대했다. 다혈질인 몽탕은 화가 나서 짐을 싸들고 집을 나갔다. 피아프는 3주 뒤에 돌아온 그를 상냥하게 '친구'로만 대했다고 한다. 그렇게 해서 두 사람의 연인 관계는 끝나버렸다.

제2차 세계대전이 끝난 뒤 세계 여러 나라로 순회공연을 다니던 피아프는 1947년 10월 미국에서, 알제리 출신의 프랑스인으로서 전 미들급 프로권투 챔피언인 마르셀 세르당을 만나서 열애에 빠졌다. 두 사람의 사랑은 전설이 될 정도로 절대적이었다. 그러나 세르당은 피아프를 만나려고 1949년 10월 뉴욕에서 비행기를 타고 파리로 가다가 추락사고로 사망했다. 피아프가 그에게 바친 노래가 「사랑의 찬가」라고 한다.

피아프의 '인생유전'은 거기서 끝나지 않았다. 1952년에는 자크 필스라는 남자와 결혼했다가 4년 만에 이혼했다. 1962년에는 스무 살이나 아래인 이용사 출신 그리스인 가수 겸 배우와 결혼했다. 그가 마지막 인생의 동반자였다. 피아프는 1963년 10월 47세의 나이로 간암 때문에 삶을 마감했다.

학교라고는 다닌 적도 없는 피아프는 「장미빛 인생」과 「사랑의 찬가」를 작사·작곡 할 정도로 뛰어난 재능과 지적 자질을 지닌 여성이었다. 2007년 11월에 개봉된 「라 비 앙 로즈」(올리비에 나한 감독)는 피아프의 삶을 그린 영화이다. 창녀들 사이에서 자라나서 프랑스

최고의 연예인이 되어 국민의 사랑을 받는가 하면 뛰어난 예술가의 경지에 오른 피아프는 온몸과 마음으로 노래한 격정의 여인이었다. 그 작은 몸집에서 어떻게 그토록 카리스마가 넘치는 목소리가 나올 수 있었을까? 나는 피아프가 '조용히 터지는 다이너마이트'처럼 노래를 부른다고 생각했다. 그는 이런 말을 남겼다.

"샹송은 사랑 이야기다. 샹송은 찢어져서 신음하는 사람이든 기뻐서 몸을 떠는 사람이든 모두를 위해 진실을 노래하는 것이어야 한다. 그런 샹송을 대중에게 들려주는 일, 그래서 대중이 그 사랑을 느낄 수 있도록 해주는 일이 내가 맡은 역할이다."

이브 몽탕은 '세기의 연예인'이자 '뭇 여성이 연모하는 남자'라고 할 정도로 한 시대를 휩쓸던 인물이었다. 우리가 음악감상실 세시봉에서 처음으로 만난 그는 샹송가수였지만 연기자로도 유명했다.

1960년대 중반 한국에서 이브 몽탕의 샹송으로 가장 널리 불려지던 노래는 「고엽枯葉, Les Feuilles Mortes」이었다. 조제프 코스마가 작곡한 이 음악은 1945년 6월 파리의 한 극장에서 초연된 발레극 「랑데부」에 삽입되었다. 그런데 이듬해 영화 「밤의 문」(마르셀 카르네 감독)의 시나리오를 쓴 시인 자크 프레베르가 그 발레 음악에 가사를 붙인 것을 주연 배우인 이브 몽탕이 처음으로 불렀다.

「고엽」이 얼마나 매력적인 노래였는지는 이 곡을 부른 가수들의 이름만 들어도 여실히 알 수 있다. 줄리에트 그레코, 에디트 피아프, 자클린 프랑수아, 이베트 지로, 실비 바르탕……. 영어로 번안된 이 노래는 빙 크로스비, 프랭크 시나트라, 토니 베넷, 냇 킹콜 등 쟁쟁한 가수들이 음반으로 발표했다.

샹송 「고엽」은 '불후의 명곡'으로 남았지만 영화 「밤의 문」은 흥행에서 참담하게 실패했다. 이브 몽탕이 거둔 유일한 성과는 시인 자크 프레베르를 알게 되었다는 것뿐이었다. 재치있고 날카로운 프레베르는 '심장에서 우러나오는 지성'이 무엇인지를 몽탕에게 보여주었다.

이브 몽탕은 정규교육은 조금밖에 받지 못했다. 그는 1921년 10월 이탈리아의 몬수마노 테르메에서 태어났다. 그의 아버지 지오바니 리비는 빗자루를 만들어 파는 사람이었고 어머니는 독실한 가톨릭 신자였다. 아버지는 이브가 태어나던 해에 공산당에 가입했다. 아버지는 파시스트 정권을 벗어나려고 가족과 함께 1923년 프랑스로 이주했다. 마르세이유에 정착한 몽탕은 누나의 이발소에서 일하다가 나중에 부두 노동자가 되었다. 그야말로 전형적인 프롤레타리아로 살았던 것이다.

몽탕은 배우이자 가수로서 유명해진 뒤에 파블로 피카소와 함께 프랑스에서 활동하는 적극적인 좌파 지식인으로 널리 알려졌다. 1950년 공산당에 입당한 그는 파리에서 큰돈을 벌기 시작하면서 당 기관지인 『뤼마니테』에 몇 백만 프랑씩 기부하곤 했다. 그는 파업하는 광산노동자들을 위해 공연을 하는가 하면 핵실험 반대운동에 서명하기도 했다. 미국 중심의 서방과 소련을 '맹주'로 하는 동유럽 사회주의권이 날카롭게 대립하던 1950년대에 몽탕의 그런 행동은 프랑스 우파의 격렬한 공격을 받았다.

그러나 열렬한 공산당원이던 이브 몽탕은 차츰 공산당의 노선과 활동에 의구심을 품기 시작했다. 공산당이 그가 '세시봉' 같은 샹송을 부르지 못하게 했기 때문이다. '리듬이 지나치게 미국적'이라는 것이 이유였다.

이브 몽땅, 「GOLD DISC」, CBS Sony, 1974

몽탕은 공산당에 대해 반감을 품으면서도 1956년 가을 소련을 시작으로 동유럽을 순회하는 공연에 나섰다. 바로 그해에 소련군은 헝가리의 수도 부다페스트에서 일어난 민중봉기를 무자비하게 탱크로 진압했다. 몽탕은 모스크바에서 당시 공산당 서기장 흐루시초프가 주최한 만찬에서 그에게 이렇게 물었다.

"부다페스트에서 어떻게 그런 일이 벌어진 것입니까?"

흐루시초프는 '배신자들을 묵인할 수 없다'며 장황하게 변명을 했다.

계속 공산당원으로 남아 있던 몽탕은 1968년 소련 공산당(서기장은 브레즈네프)이 '프라하의 봄'을 가혹하게 탄압하는 것을 보고 탈당했다. 그는 당적을 버렸을 뿐 그 이후에도 프랑스를 대표하는 좌파 예술인으로 계속 활동했다. 그는 좌파와 우파를 가리지 않았고 독재정권에 저항하는 운동가들을 지원했다. 몽탕은 피노체트가 장기 독재를 하던 칠레를 방문해서 콘서트를 열고 저항세력을 위한 모금

운동에 앞장서기도 했다.

이브 몽땅은 「밤의 문」을 시작으로 평생 41편의 영화에 출연했다. 초기 작품 가운데 가장 인상 깊었던 영화는 「공포의 보수」(앙리 조르주 클루조 감독, 1953)였다. 라틴아메리카에서 미국인들이 개발하는 유전에서 질소를 실어나르는 트럭운전사로 나온 그의 연기는 리얼리즘의 고전이라고 할 만했다.

1969년에 이브 몽땅은 군사독재 치하의 그리스를 무대로 한 영화 「제트」(코스타 가브라스 감독)에서 공정선거를 주장하다가 우익단체에 암살당하는 국회의원 역을 맡았다. 람브라키스라는 실존 인물의 삶을 그린 이 작품은 우리나라에서 오랫동안 상영 금지되다가 1989년에 비로소 개봉되었다.

그는 1973년 「계엄령」(코스타 가브라스 감독)이라는 정치영화에 우루과이의 반체제 인사들을 고문하는 미국 비밀요원으로 나왔다. 악역이었지만 몽땅은 군사독재의 실상과 미국의 '음험한 개입'을 소재로 한 영화의 주인공으로서 출중한 연기를 보였다는 평가를 받았다.

이브 몽땅의 연기는 「마농의 샘」(클로드 베리 감독, 1986)에서 절정에 이르렀다. 프랑스의 어느 마을에서 샘을 둘러싸고 3대에 걸쳐 펼쳐지는 증오와 갈등의 드라마를 몽땅처럼 연기할 수는 없다는 평이 나올 정도였다. 그때 그는 65세였다.

이브 몽땅의 수식어로 '세기의'라는 말이 흔히 쓰였다. 그는 '세기의 플레이보이'였다. 그는 에디트 피아프와 헤어진 뒤 1951년 이미 딸 하나를 두고 있던 유부녀인 프랑스의 세계적 여배우 시몬 시

노레와 결혼했다. 아내가 1985년에 세상을 떠나기까지 두 사람은 영화의 동반자이자 부부로서 서로 사랑하고 의지했으나 몽탕의 바람기는 그치지 않았다.

'간통'이라고 부를 만한 사건은 미국 배우 마릴린 먼로와의 애정 행각이었다. 공산당원이라는 사실 때문에 미국 입국을 거부당하던 몽탕은 1959년에 어렵사리 비자를 받아 아내 시뇨레와 미국에 가서 몬로와 함께「사랑을 합시다」라는 영화의 촬영에 들어갔다. 그 과정에서 두 사람은 사랑에 빠져버렸다. 세상 사람들은 몬로의 남편인 극작가 아서 밀러가 몽탕의 친구라는 사실을 알고 크게 놀랐다.

이브 몽탕은 그 뒤에도 셜리 매클레인, 카트린 드뇌브, 로미 슈나이더, 이자벨 아자니 같은 배우들과 음양으로 사랑을 주고받았으나 언제나 아내 시몬 시뇨레 곁으로 돌아가는 것으로 결말이 났다. 시작은 불순했으나 마지막은 늘 '세시봉(아주 좋다)'이었던 것이다.

몽탕은 '한 작품의 촬영이 끝나면 몰입했던 인물에서 벗어나는 데 보름이 넘게 걸린다'고 고백한 바 있다. 그는 마지막 영화「IP5」(1992)의 촬영을 마친 날인 1991년 11월 9일 심장마비로 사망했다. 그는 그 영화의 마지막 대목에서 심장마비로 숨을 거두는 장면을 연기했다.

그는 회고록에 이렇게 적었다.

"그만 멈추거나 잠시 쉬거나 제대로 된 삶을 살아보는 시간을 갖고 싶다는 마음이 생길 때마다, 내 안의 어떤 목소리가 말했다. 그것은 자연이 내게 준 것에 대한 배신이라고 나는 내게 주어진 재능 때문에 양지에 자리 잡을 수 있었고 그 재능을 발전시킬 수 있도록 열심히 일했다."

**칸초네의 추억**

세시봉에서 들을 수 있던 서양 팝음악의 주종은 미국의 노래들이었지만 앞에 이야기한 프랑스의 샹송과 이탈리아의 칸초네도 드물지 않게 울렸다. 특히 1960년대 중반에는 밀바라는 걸출한 여가수의 노래가 한국의 젊은이들을 사로잡았다.

우리말로 「눈물 속에 피는 꽃」이라고 옮겨진 「L'immensita」라는 칸초네는 절규하는 듯한 창법으로 듣는 이의 심금을 울렸다. 비록 이탈리아어를 알아듣지는 못했지만 밀바의 노래는 '음악이야말로 만국 공통의 매체'라는 사실을 실감하게 했다.

나는 믿어요
지금 흘러내리는 눈물 눈물마다
새로운 꽃이 피어날 것을
그리고 그 꽃잎 위에
나비가 찾아올 것이라는 것을

이렇게 시작되는 그 노래의 뜻을 그 시절에 알았다면 감흥이 더했을 것이다.

본명이 마리아 일바 비올카티인 밀바는 1939년 생으로 머리칼이

「톱힛트 칸소네 특선 제1집」,
유니버어살레코오드사, 1970년대

빨개서 '빨갱이 La Rossa'라는 별명을 가지고 있었다. 밀바는 미나, 이바 차니키와 더불어 가장 인기있는 칸초네 가수였다.

밀바의 노래를 원어로 듣지 못했더라도 송창식과 윤형주가 MBC의 '세시봉 콘서트'에서 부른 「축제의 노래」가 귀에 익은 이들이 적지 않을 것이다. 이 노래는 밀바가 부른 「축제의 아리아 Aria di Festa」를 번안한 것이었다. 그 곡은 트윈 폴리오의 짧은 역사에서 「하얀 손수건」「웨딩 케익」과 함께 대중의 사랑을 많이 받았다.

>달무리 지는 창문을 열면 싱그런 바람
>꽃내음 속에 춤추던 여인 아름다워라
>황홀한 달빛 꿈에 잠기면
>다시 또 보이네 축제의 밤

칸초네 canzone는 '노래'라는 뜻의 보통명사이다. 이탈리아의 전통적인 칸초네는 멜로디가 밝고 내용이 단순하면서도 솔직해서 누구나 쉽게 부르고 즐길 수 있다는 특징을 지니고 있다.

칸초네 하면 떠오르는 것은 '산레모 가요제'이다. 1951년 이탈리아의 산레모 시 아리스톤 극장에서 처음으로 열린 이 가요제는 해마다 회를 거듭할수록 국제적 명성이 높아지면서 2011년에 60회를 맞이했다.

산레모 가요제와 가장 끈끈한 인연을 맺은 가수로는 밀바가 대표적이다. 그는 1961년 그 가요제에 처음으로 나가서 '등외'로 밀린 뒤 무려 14회나 더 출전해서 2위 한 번, 3위 세 번, 4위 두 번, 5위 두 번, 9위 한 번, 10위 한 번, 12위 두 번, 16위 한 번을 차지했다. 결선 탈락도 세 번이나 했다.

산레모 가요제에 대한 밀바의 집착이 얼마나 강했던지 '칠순'의 나이인 2007년에도 참가해서 16위에 머물고 말았다. '칸초네의 여왕'으로서는 치욕적인 기록이라고나 할까?

1960년대에 한국에서 방송 전파를 많이 탄 칸초네로는 「나이도 어린데Non ho l'eta」 「신부La Novia」와 「알 딜라Al dila」가 있었다.

「나이도 어린데」는 16세 소녀 질리올라 친케티가 1964년 제14회 산레모 가요제에서 불러 우승한 곡이었다. 이 노래는 같은 해 덴마크의 코펜하겐에서 열린 '유러비전(전 유럽) 가요 경연대회'에서 우승함으로써 국제적으로 널리 퍼져 나갔다. 친케티가 앳된 목소리로 속삭이는 듯이 부른 그 칸초네는 세계의 많은 젊은이들을 매료시켰다.

나는 아직 당신을 사랑할 만한 나이가 아니에요
나는 아직 당신과 둘이서만 외출할 수 있는 나이가 못 돼요
당신과 함께 이야기할 만한 것은 전혀 없어요
당신은 나보다 훨씬 더 많은 것을 알고 있거든요

당신과 함께할 수 있는 그 날이 오기만을 기다리며
그때까지는 낭만적인 짝사랑을 하고 싶어요

「나이도 어린데」는 300만여 장이 팔리면서 1964년 가을 '백금 디스크 상'을 받았다.

「신부」는 「결혼」이라는 제목으로도 알려져 있다. 사랑하는 여자가 결혼식을 올리는 모습을 보면서 성모 마리아에게 기도하는 애절한 노래이다.

내 사랑 그대가 행복을 누리게 해주옵소서
언젠가는 돌아오겠지요
내 품에 돌아오겠지요
사랑은 눈물이었어요

「신부」는 1960년 칠레의 호아킨 프리에토가 작곡한 노래이다. 스페인어로 된 원곡을 프레드 제이가 영어로 불러 유럽과 미국에 널리 알려지자 미국의 애니터 브라이언트와 맬컴 본처럼 유명한 가수들이 잇달아 음반을 냈다. 세시봉에서 가장 많이 들려주던 칸초네 「신부」는 이탈리아 가수 토니 달랄라가 1961년에 취입한 것이었다.

영어로 「저 너머에Beyond」라고 옮겨진 「알 딜라」는 이탈리아 가수 베티 쿠르티스가 1961년에 발표해서 큰 인기를 얻은 곡이었다.

가장 값진 것 저 너머에 그대가 있어요
가장 야심적인 것 저 너머에 그대가 있어요
가장 아름다운 것 저 너머에 그대가 있어요
별들 저 너머에 그대가 있어요
모든 것 저 너머에 나를 위해, 나를 위해, 나만을 위해 그대가 있어요

가사가 아주 시적인 이 노래는 1961년에 밀바와 토니 달랄라가 각각 음반을 냄으로써 세계적인 유행곡이 되었다. 1966년에는 미국의 코니 프랜시스와 에이스 캐넌도 「알 딜라」의 대열에 합류했다.

3부
# 세시봉사람들의 음악세계

MBC가 2011년 설에 특집으로 방영한 '세시봉 콘서트'를 본 사람들의 뜨거운 반응은 여러 요인을 포함하고 있었다. 젊은 세대의 '아이돌'들이 텔레비전을 비롯한 대중매체를 휩쓸고 있는 시대에 1960대 중반 안팎의 나이인 '노년의 가수들'이 많은 시청자들을 매료시킨 데 대해 언론과 인터넷에 다양한 해설과 분석이 등장했다. '40년이 넘도록 계속되는 아름다운 우정' '삶의 연륜과 지혜가 배어나는 정겨운 대화들' '경이로운 가창력이 빚어내는 화음의 극치' 같은 평가가 주류를 이루었다. 여기서는 그들의 음악 세계를 집중적으로 살펴보겠다.

# 서정적인 노래를 부르는
# '자유분방한 광대' 조영남

'한국에서 100년에 한 사람 나올까 말까 한 목소리를 타고난 가수' 어떤 음악전문가가 조영남을 두고 평한 말이다. 100년은 조금 과장된 표현이라 하더라도 수십 년이라고 말한다면 많은 사람들이 수긍할 것이다. 조영남처럼 다양한 장르의 노래들을 정감 있게 부를 수 있는 가수는 거의 없다고 해도 지나친 말이 아닐 것이다.

조영남이 가수로 데뷔해서 초기에 부른 「제비 La Golondrina」는 그의 가창력을 잘 보여주는 대표적 보기이다.

이 노래를 국제적으로 널리 알린 장본인은 카테리나 발렌테였다. 아코디언 연주자인 스페인계 아버지와 가수인 이탈리아계 어머니 사이에서 태어난 프랑스 국적의 발렌테(1931년 생)는 1950년대 초 어느 날 스웨덴의 수도 스톡홀름의 작은 무대에서 노래하다가 서독의 유명한 밴드 마스터인 쿠르트 에델하겐의 눈에 띄었다. 그의 전속 가수가 된 발렌테는 「말라게냐」 같은 라틴 노래로 크게 인기를 얻은 뒤 1954년에 라틴음악을 담은 음반을 발표했다. 거기 실린 곡이 바로 「제비」였다.

발렌테가 프랑스, 이탈리아, 독일, 영국, 스페인, 스웨덴의 언어로 녹음한 그 노래는 세계로 퍼져나가서 대중의 사랑을 받게 되었다. 스페인어 가사는 다음과 같이 시작된다.

이곳을 떠나는 저 제비는
피곤한 날개로 어디로 가는 걸까?
오, 바람 속에서 둥지를 찾다가
길을 잃고 울부짖을 것만 같아

이 노랫말 그대로 우리말로 불렀다면 얼마나 산문적이고 딱딱했을까? 이 노래의 번안은 '연경'이 맡았다고 한다.

정답던 얘기 가슴에 가득하고
푸르른 저 별빛도 외로워라
사랑했기에 멀리 떠난 님은
언제나 모습 꿈속에 있네
먹구름 울고 찬 서리 친다 해도
바람 따라 제비 돌아오는 날
고운 눈망울 깊이 간직한 채
당신의 마음 품으렵니다

라틴아메리카의 민요가 서정성이 짙은 '한국적 연가'로 다시 태어난 것이다. 세계적으로 이름이 높은 테너 플라시도 도밍고가 부른 「제비」가 그것대로 라틴아메리카의 정서를 절실하게 전하고 있

다면, 조영남의 노래는 그 특유의 정감 어린 목소리로 '새로운 제비'를 낳았다고 볼 수 있다.

조영남의 음악 세계는 그의 삶과 어떻게 연결되어 있을까?

그는 『놀멘놀멘 1』의 '머리말'에 이렇게 적었다.

나는 오랫동안 가수 생활을 해 왔지만, 결과는 그다지 신통하질 못했다. 히트곡 하나 변변히 낸 적도 없었고, 그 흔한 10대 가수왕 자리에 뽑힌 적도 없었다. 지금 내게는 헝클어진 머리와 검정 뿔테안경과 색 바랜 야전 점퍼 몇 벌이 남아 있는 것의 전부다.

돌이켜보면 젊은 시절, 나는 겁 없이 살아왔다. 제멋대로 지껄이고 행동한다는 이유 때문에 일찍부터 방송 부적격 인물로 낙인 찍혔던 적도 있었고 태도가 불량스럽고 불경스럽다는 이유 때문에 경고 조치를 받거나 출연을 거부당한 적도 한두 번이 아니었다. 노래 부르는 솜씨마저 변변치 못했더라면 나는 진작에 아웃당할 꼬락서니였다.

젊은 시절, 과연 무엇이 나를 그토록 파행적인 인물로 몰고 갔을까. 자유로움에 대한 열정이었던가, 막연하게 우러나오는 반항이었던가. 아니면 삶이 주는 격식과 형식에 대한 까닭 모를 증오였던가. 도대체 파행적인 내 삶의 정체는 무엇이었던가.

조영남이 1994년에 『놀멘놀멘』(전2권)을 책으로 펴낸 뒤 17년이라는 세월이 흘렀다. 현재의 그는 '검정 뿔테안경과 색 바랜 야전 점퍼 몇 벌'만을 지닌 가난한 가수가 아니다. 조영남이 2011년 2월 23일 SBS '배기완 최영아 조형기의 좋은 아침'에 출연해서 공개한 그의 집은 세상 사람들을 놀라게 했다. 서울 강남에 있는 178평짜리 빌라의 시가가 무려 80억 원이 넘는다는 것이었다. 국토해양부는 '2010년 가장 비싼 스타의 집'은 조영남의 빌라라고 발표했다고 한다.

조영남은 집을 공개하면서 '학창시절부터 일등을 한 적이 없는데 집으로 일등을 해서 자랑스럽다'고 말했다. 그 스스로 열심히 일해서 정직하게 세금을 내고 이룬 집에 대해서는 시비를 걸 일이 없을 것이다. 다만 조영남이 그런 '자산가'로서 가난에 찌들어 살던 시절처럼 '파행적인 삶'을 계속할지, 사회적 공인으로서 어려운 이웃들에게 따뜻한 손길을 내밀지 궁금하다.

조영남은 가수로서는 정치적 메시지를 표현하려고 한 적이 아주 드물었다. 그 드문 사례 가운데 대표적인 것이 '와우아파트가 우르르' 사건이다. 「딜라일라」 단 한 곡으로 스타가 되어 있던 조영남은 1973년 12월 20일, TBC 초청으로 시민회관에서 열린 '김 시스터즈 귀국 공연'에 찬조 출연했다. 그때 그가 부른 노래가 「신고산 타령」이었다.

서울시에서 서울 시민을 위해 지었다는 시영아파트가 그대로 무너져 내리다니, 그것도 말로는 서민을 위해 과감하게 지었다는 와우동의 와우아파트가 사람이 입주해서 살고 있었는데도 그냥 맥없이 무너져 내리다니, 참 너무나도 기가 막히고 어처구니가 없어서 온 국민이 입만 벌리고 있던 때였다.
그러나 나는 무대에 서서 노래를 불러야만 했다. 나는 '신고산이 와르르' 거기까지 부른 다음 의당 '함흥차 떠나는 소오리에'를 내질러야 했다. 그러나 나는 여기서 가사를 전면적으로 바꿨다. 이런 때는 머리가 빨리 돌아가는 게 죄였다. 경솔, 그것은 나의 가장 큰 결함 중의 하나였다.
나는 다른 가사를 내뱉었다. 함흥차 대신 '와우아파트 무너지느은 소리에에 얼떨결에 깔린 사람들이 아우성으을 치누나아아 어랑어랑 어허야' 어쩌구 저쩌구를 마구 내질렀던 것이다. 객석에선 갈채가 파도를 이루었다. (―『놀멘놀멘 1』, 342쪽)

이 사건 때문에 박정희 정권의 미움을 산 조영남은 군대로 끌려갔다.
'와우아파트' 즉흥 노래 부르기가 무대 위에서 벌어진 해프닝이었던 것과 달리 2005년 4월 하순에 터진 '조영남의 친일 발언'은 그가 일본에서 가진 인터뷰에서 한 말이 실마리가 된 설화舌禍 사건이었다.
조영남은 『맞아 죽을 각오로 쓴 친일선언』(2005)이라는 책을 펴낸 뒤 일본어판 출간을 계기로 일본을 방문해서 『산케이신문』 기자와 인터뷰를 했다. 그는 '사물을 보는 관점이 하나가 아니라는 것을 전하고 싶었다'고 출간 이유를 설명한 뒤 '2차 대전 전범들이 합사된 야스쿠니 신사를 직접 보고 속았다는 생각이 들었다'고 말했다. 일반 신사와 다르지 않은데 한국과 중국에서 신사 참배를 비판하는 목소리가 커서 대단한 장소로 세뇌되었다는 것이다. 그리고 '일본인은 자신의 선조가 아무리 심한 일을 했어도 선조이니까 어떤 일이 있어도 참배하지 않을 수 없다고 하는 반면 우리는 범죄자로 취급하니까 합사와 참배는 괘씸하다고 말하는 것'이라면서 '하나의 사물을 놓고 지배한 쪽과 지배당한 쪽은 서로의 입장을 진짜 이해하지 못하는 측면이 강하다'고 말했다.

조영남은 그 인터뷰에서 이런 점도 강조했다. 2003년 노무현 대통령이 취임한 뒤 일본을 방문해서 국회에서 연설하는 장면을 텔레비전으로 보았는데 박수가 18번이나 나왔다는 것이다.

"한국이라면 외국의 원수가 국회에서 연설해도 최초와 마지막에서 박수하는 정도다. 한국인으로서 기뻤다. 이것으로 '친일선언' 했다."

그는 2002년 한·일 월드컵에서 한국이 4강에 진출했을 때 일본인들이 진지하게 응원하는 것을 보고 '지일知日 선언'을 하게 됐다고 말했다.

조영남의 인터뷰 내용이 국내에 알려지자 언론과 인터넷에는 요란한 비난의 소리가 쏟아졌다. '조영남은 친일 매국노'라는 극언부터 '딴따라 무식쟁이'라는 비아냥까지 나왔다. 민족문제연구소를 비롯한 민간단체들과 네티즌들은 조영남이 출연할 패티 김, 이미자와의 합동 콘서트 취소, 그가 진행하는 KBS '체험, 삶의 현장' 퇴출을 요구했다. 조영남의 발언 취지를 이해하려는 사람들은 소수에 지나지 않았다.

결국 조영남은 빗발치는 비난 앞에서 백기를 들고 말았다. 그는 2005년 6월 16일, 홍원식(조영남 공연 저지 특별위원회 위원장)과 공동 명의로 '친일 발언 깊이 사죄합니다'라는 성명서를 발표했다.

"이 기회에 조영남은 일본의 한반도 및 동아시아에서의 범죄행위와 개별적 인권침해에 대해 '일본 정부 차원'의 공식 사과와 '독일 수준의 국가배상'이 피해 당사자 및 그 후손들에게 이루어져야 한다는 민족적 요구 대열에 뜻을 함께한다."

조영남은 그로부터 5년 가까이 지난 2011년 2월 하순 MBC의 '황금어장-무릎팍도사'에 나와서 『산케이신문』 기자가 자기 말을 거두절미하고 써서 그런 일이 벌어졌다고 해명했다. 일본을 이기기 위해서는 일본을 알아야 한다는 것을 강조하는 뜻으로 '극일의 의미로 쓴 친일선언'이었다는 것이다.

조영남은 왕성한 저술 활동으로 유명하다. 그는 1988년에 펴낸 『한국 청년이 본 예수』를 시작으로 『놀멘놀멘』을 비롯해서 『예수의 샅바를 잡다』(2000), 『조영남 길에서 미술을 만나다』(2003), 『어느 날 사랑이』(2007), 『천하제일 잡놈 조영남의 수다』(2009), 『이상은 이상 이상이었다』(2010) 등 스무 권 가까운 책을 써냈다. 종교부터 음악, 양심학, 자전적 에세이, 미술, 일본 문제, 문학, 그리고 사랑까지 그 어떤 문필가보다 부지런하게 다양한 주제를 다루어 왔다.

조영남은 '화투 그림'을 시작으로 전업 화가 못지않게 왕성한 미술 작업과 전시를 병행했다.

조영남, 『88 조영남 앨범』, 아세아레코드, 1988

나는 이런 조영남을 보면서 그의 끝 모를 작업 욕구와 정력이 어디서 우러나는지를 생각해 보았다. 곰곰이 되짚어 보니 세시봉 시절이 떠올랐다. 그는 친구들이나 윗사람과 이야기를 나눌 때 시시비비를 가려야 직성이 풀리는 듯했다. 성악을 전공하면서도 세상만사에 관심이 많았다. 그런데다가 그는 보헤미안 또는 집시 기질을 타고 났다면서 '광대'라는 말을 가장 좋아한다고 말했다. 남들이 '딴따라'라고 멸시하는 연예인보다는 그 나름의 이념과 철학을 가진 광대가 되고 싶다는 뜻이었던 것 같다. 그래서 그는 칠순이 가까워지도록 '자유분방한 광대'와 '세상만사에 대한 논객' 노릇을 즐기고 있는 듯하다.

그런데 그의 음악세계에 그런 면들이 그다지 반영되지 않는 까닭은 무엇일까?

조영남은 데뷔 리메이크 앨범『딜라일라』부터『밀레니엄 앨범』(2010)까지 많은 음반을 냈다.

조영남은 「딜라일라」로 스타의 길에 들어선 뒤 창작곡보다는 번안곡이나 다른 가수들의 노래를 훨씬 더 많이 불렀다. 그는 자타가 공인하는 대표적 히트곡인 「화개장터」도 독자적인 창작곡이 아니라고 밝혔다. 2007년 7월 8일 KBS 제2텔레비전의 '해피선데이-불후의 명곡'에 출연한 조영남은 「화개장터」의 작사가는 절친한 사이인 소설가 김한길(전 국회의원)이라고 실토했다. 조영남이 1984년 미국에서 윤여정과 이혼하고 한국에 와서 어렵게 지내고 있던 때 김한길이 '지역감정을 조장하는 언론'에 맞서자는 뜻으로 노랫말을 지어 그에게 주었다는 것이다.

「화개장터」는 호남과 영남 사람들의 어우러짐을 행진곡 풍의 경쾌한 멜로디에 실은 노래이다.

> 전라도와 경상도를 가로지르는
> 섬진강 줄기 따라 화개 장터엔
> 아랫마을 하동 사람 윗마을 구례사람
> 닷새마다 어우러져 장을 펼치네

나는 어쩌다가 한 번씩 전남 구례를 거쳐 아름다운 섬진강변을 지나 화개 장터에 이르면 그 노래를 연상하곤 했다. '조영남의 노랫말이 참으로 절실하게 가슴에 와 닿는다'고 감탄했는데 작사가 남의 것이라니 왠지 허전한 느낌이 든다.

조영남은 작사와 작곡을 겸하는 싱어 송 라이터의 자질을 갖추고 있는데도 그 분야에는 공력을 크게 들이지 않은 것 같다. 나는 그의 또 다른 히트곡인 「내 고향 충청도」도 그의 자작곡인 줄 알았는데, 이번에 이 책을 쓰면서 자료를 검색해보니 미국 가수 올리비아 뉴튼 존의 노래를 번안한 것이었다.

> 일사 후퇴 때 피난 내려와 살다 정든 곳 두메나 산골
> 태어난 곳은 아니었지만 나를 키워 준 내 고향 충청도
> 어머니는 밭에 나가시고 아버지는 장에 가시고
> 나와 내 동생은 길을 따라 메뚜기 잡이 하루가 갔죠
> 내 아내와 내 아들과 셋이서 함께 가고 싶은 곳
> 논과 밭 사이 작은 초가집 내 고향은 충청도라오

「화개장터」의 원곡인 올리비아 뉴튼 존의 노래 「오하이오의 뚝방 The Banks of Ohio」은 한 여자가 결혼하지 못할 남자를 남의 품에 내주기 싫어 칼로 찔러 죽인다는 살벌한 이야기를 서정적인 음률에 실은 것이다.

아무튼 그런 내용의 노래를 충청도 두메산골로 옮긴 조영남의 상상력은 감탄할 만하다.

음악 전문가들이나 많은 팬들이 인정하듯이 조영남은 무슨 노래든지 자기 스타일로 육화(肉化)해서 부를 수 있는 탁월한 가객이다. 그는 서울대 음대에 다니던 시절 여러 대학의 축제에 초청받아 다니면서 '뽕짝'이라고 불리던 「이정표」(남일해 노래)부터 「마지막 춤은 나와

함께 「Save the Last Dance for Me」까지를 구성지게 불러댔다.

> 길 잃은 나그네의 나침반이냐
> 항구 잃은 연락선의 고동이더냐
> 해 지는 영마루 홀로 섰는 이정표
> 고향 길 타향 길을 손짓해주네

나는 1988년부터 책을 통해 자신의 견해를 다양하게 표현하기 시작한 조영남이 왜 노래라는 매체로는 정치·사회적 메시지를 전하려 들지 않았는지를 생각해보았다.

그 까닭은 단순한 것 같았다. 그가 데뷔한 1967년부터 1988년까지는 실질적으로 엄혹한 독재의 시기였다. '와우아파트 즉흥 노래'로 곤욕을 치른 조영남은 노래에 체제 비판적인 메시지를 담을 엄두가 나지 않았을 것이다.

게다가 '금지곡'이라는 족쇄와 유형무형의 정치적 탄압이 대중음악인들의 숨통을 조이고 있던 독재정권 시절에 조영남 역시 대다수 가수들처럼 정치색을 벗어난 노래에 집중할 수밖에 없었다고 이해할 수 있지 않을까?

그러나 그는 1998년 2월 한국 역사상 처음으로 '수평적 정권 교체'가 이루어진 뒤에도 자신의 노래에 큰 변화를 일으키지는 않았다.

# 영혼과 육체의 화음으로
# 노래하는 송창식

송창식이 기인이나 외계인처럼 살아간다는 이야기는 언론을 통해 상당히 널리 알려져 있다. 그런데 그것은 송창식이라는 사람의 삶 가운데 일부를 가리키는 데 불과하다. 그의 음악 세계를 바로 이해하려면 삶의 역정과 음악의 상관관계를 아울러 보아야 할 것이다.

나는 음악에 대한 송창식의 생각은 「우리는」이라는 노래에 잘 드러나 있다고 본다.

> 우리는 빛이 없는 어둠 속에서도 찾을 수 있는
> 우리는 아주 작은 몸짓 하나라도 느낄 수 있는
> 우리는 소리 없는 침묵으로도 말할 수 있는
> 우리는 마주치는 눈빛 하나로 모두 알 수 있는
> 우리는 우리는 연인
> 기나긴 하세월을 기다리어 우리는 만났다
> 천둥치는 운명처럼 우리는 만났다
> 오오 바로 이 순간 우리는 하나다
> 이렇게 이렇게 우리는 연인

송창식, 「'83 송창식」, 한국음반(주), 1983.
「우리는」이 수록돼 있다.

'우리는'을 '나와 음악'이라고 풀이하면 송창식과 음악은 하나라는 것이 명백히 드러난다. 송창식과 음악은 '소리 없는 침묵으로도 말할 수 있고' '마주치는 눈빛 하나로도 모두 알 수 있는' 연인이라는 것이다. 송창식은 '천둥치는 운명처럼' 음악을 만났다. 그는 기회 있을 때마다 이 사실을 강조했다.

송창식은 '우리의 음은 수학이나 철학이 아니라 우리 몸에 내재된 힘이나 영혼의 개념'이라고 본다. 그는 2011년 2월 19일 한 신문과 인터뷰에서 이렇게 말했다.

"노래는 인생 자체에요. 이 우주에서 흐르는 모든 물리적 법칙과 완벽하게 일치하는 거라고요. 어떤 소리를 내든지 간에 그것만의 이치대로 딱 맞게 내야 돼요. 노래 부르는 도중에 막 흥분해도 한편으론 다른 내가 있어서 노래하는 나를 내려다보는 여력이 있어야 발전이 돼요. 그게 바로 명상이에요. 삼라만상에 들어가 있으면서 또 다른 내가 '아 저렇게 삼라만상에 들어가 있구나' 할 때 그것이 명상이고 좌선이며 노래죠."

명상과 좌선은 송창식이 음악과 하나가 되게 하는 길이다. 그는 앉아서 명상이나 좌선을 하지 않고 팬티만 입은 채 서서 빙빙 돌면서 깊은 상념의 세계로 들어간다고 한다. 그것이 바로 입선入禪이다. 그는 날마다 새벽 4시에 자고 오후 2시에 일어나서 두 시간 남짓 선

채로 빙빙 돌면서 명상과 선의 세계에 몰입한다. 그러는 동안 무려 8킬로미터쯤이나 움직이게 된다고 한다. 그다음에는 화장실의 변기에 앉아 한 시간 가량 닥치는 대로 책을 읽는다. 시집과 소설은 물론이고 기계매뉴얼까지 소리를 내서 읽기도 한다. 그런 행위 자체가 음악과 직결되기 때문이다.

송창식은 1994년 3월 4일부터 빙빙 돌기(입선)를 시작해서 지금까지 하루도 쉬지 않고 5,000회를 훌쩍 넘겼다고 한다.

그는 만 64세가 된 요즈음도 날마다 두 시간씩 기타 연습을 한다. 그렇게 하지 않으면 실력이 줄기 때문이다. 기타를 50년이 넘도록 친 '거장'이 노트북에 정확한 박자를 알려주는 프로그램을 깔아놓고 거기 맞춰서 연습을 한다.

'세시봉 콘서트'를 본 사람들은 송창식이 윤도현, 장기하와 함께 「담배가게 아가씨」를 부르던 장면을 기억할 것이다. 젊은 후배들이 혼신의 힘을 다해 연주를 했지만 송창식 앞에서는 '내공'이 좀 모자라 보였다.

2011년 MBC의 '설 특집' 이후 세시봉 열풍이 일어났을 때 송창식의 아내가 한 매체와 가진 인터뷰 내용이 인터넷에서 네티즌들의 눈길을 끌었다.

"그이는 한마디로 음악에 묻혀 사는 수도승이다. 내가 붙인 별명이 '밥 줘 삼창'이다. 음악 일에 빠져 있다가 하루 세 번 한마디씩 해서 붙인 별명이다. 결혼할 때 어느 정도 성격은 알고 있었지만 설마 했는데 결혼해서 보니 정말 세상일과는 담을 쌓고 산다. 결혼 뒤에

도 이사를 세 번 했는데 왜 이사를 했는지 어디로 가는지 묻지도 않았다. 가구 정리를 끝내고 부르면 들어서면서 첫 마디가 '내 공부방 어디야'이다. 침실에 다락이 있는 것도 몇 달 지나서 알더라. 그렇게 음악밖에 모르고 살지만 난 그이가 좋다. 그것이 무능으로 안 보이고 맑은 순수성이 느껴진다. 그런 그이를 한 번도 미워해 본 적이 없다."

송창식이 자신의 음악이 안고 있는 결함을 깨달은 것은 군 복무 시절이었다고 한다. 그는 3대 독자로서 '병역 면제 대상자'였는데도 박정희 정권의 미움을 샀기 때문에 1973년 입대했다. 그는 병무

청에서 방위병으로 7개월 동안 근무하던 기간에 음악에 관해 '천지개벽'이라고 할 만한 발견을 했다.

어느 날 AFKN 텔레비전을 보니 아마추어 노래자랑이 나오는데 송창식 자신보다 노래를 훨씬 더 잘 부르는 사람이 수두룩했다. 충격을 받은 그는 '내가 어디가 모자란가' 생각하면서 눈이 퉁퉁 붓도록 울고 다녔다. 그는 '내가 제일 잘할 수 있는 것이 무언가'를 고민한 끝에 국악과 '뽕짝'을 이론적으로 파고들기 시작했다.

그런 깨달음을 얻고 제대를 한 송창식이 처음으로 낸 히트곡이 「피리 부는 사나이」였다.

나는 피리 부는 사나이
바람 따라 가는 떠돌이
멋진 피리 하나 들고 다닌다
모진 바람이 불어도
거센 눈보라가 닥쳐도
은빛 피리 하나 물고서
언제나 웃고 다닌다
갈 길 멀어 우는 철부지 새야
나의 피리 소리 들으려무나
삘릴리 삘릴리
나는 피리 부는 사나이
바람 따라 가는 떠돌이

멋진 피리 하나 불면서
언제나 웃는 멋쟁이

송창식은 2010년 11월 하순 월간 『신동아』 한상진 기자와 인터뷰에서 이렇게 말했다.

「피리 부는 사나이」는 대중가요 같지도 않은데 히트를 했어요. 처음 나온 형식의 노래였지요. 그러고 나서 바로 「한번쯤」이 나왔지요, 영화음악으로 「왜 불러」 하고 「고래사냥」이 나오고요. 「피리 부는 사나이」와 「왜 불러」는 뽕짝이고 「고래사냥」은 록이지요. 「왜 불러」는 '아니 안~ 되지, 돌아서면 안 되지, 쿵짜짜쿵짜' 이렇게 나가잖아요. 내 뽕짝은 일단 뒤에 악센트가 붙는 게 달라요. 그런데 그것 때문에 히트한 건 아니에요. 서양식이 아니고 우리식으로 해서 히트한 거지요. 음정은 틀려도 알고 틀리니까 공감을 얻은 거예요. 한마디로 대중하고 똥창이 맞은 거지요. 그 전에는 노래를 잘했지만 대중하고 동떨어진 음악이었거든요.

송창식은 음악에 대한 깨달음을 새롭게 얻고 나서 '완성'에 절반쯤 다가간 곡으로 「가나다라」를 꼽았다. 이 노래는 원래 우리말이 서툰 재일 동포들에게 한글을 가르치려고 일본어로 가사를 만든 것이었다. 그러나 한국에서 발표하면서 노랫말을 한글로 완전히 바꾸었다.

가나다라마바사아자차카타파하 헤이 헤이
하고 싶은 말들은 너무너무 많은데
이 내 노래는 너무너무 짧고
일이삼사오륙칠팔구 하고 십이요 헤이 헤이
하고 싶은 일들은 너무너무 많은데
이 내 두 팔이 너무 모자라고
일엽편주에 이 마음 띄우고 허 웃음 한 번 웃자

작사가로서 송창식의 뛰어난 점은 서정적인 시와 이야기를 담은 시를 아울러 쓸 수 있다는 것이다.

먼저 서정적인 노랫말들 가운데 대표적인 보기인 「사랑이야」를 보자.

당신은 누구시길래 이렇게 내 마음 깊은 거기에 찾아와
어느새 촛불 하나 이렇게 밝혀놓으셨나요
어느 별 어느 하늘이 이렇게 당신이 피워놓으신 불처럼
밤이면 밤마다 이렇게 타오를 수 있나요
언젠가 어느 곳에선가 한 번은 본 듯한 얼굴
가슴속에 항상 혼자 그려보던 그 모습
단 한 번 눈길에 터져버린 내 영혼
사랑이야 사랑이야

기교를 부리거나 지나친 비유를 사용하지 않으면서도 사랑에 깊이 빠진 사람의 마음을 절실하게 표현하고 있다. 한국의 대중음악사에서 빼어난 발라드로 꼽을 만한 작품이다.

「선운사」는 어느 유명한 시인이 그 절을 소재로 쓴 시에 못지않게 문학성이 뛰어나다.

송창식, 「송창식, 골든 제2집」, (주)서울음반, 1988. 「선운사」가 수록돼 있다.

선운사에 가신 적이 있나요
바람 불어 설운 날에 말이에요
동백꽃을 보신 적이 있나요
눈물처럼 후두둑 지는 꽃 말이에요
나를 두고 가시려는 님아
선운사 동백꽃 숲으로 와요
떨어지는 꽃송이가 내 맘처럼 하도 슬퍼서
당신은 그만 당신은 그만 못 떠나실 거예요
선운사에 가신 적이 있나요
눈물처럼 동백꽃 지는 그곳 말이에요

이 노래는 송창식이 1988년 10월에 발표한 앨범인 『골든 제2집』에 실려 있다. 나는 전북 고창군에 있는 선운사에 여러 번 가보았다.

갈 때마다 그 절 뒤편의 짙은 숲에 빨갛게 피어난 동백꽃들을 보면서 이 노래를 떠올렸다. '바람 불어 설운 날' '눈물처럼 후두둑 떨어지는' 동백꽃은 이 노래를 절창絶唱으로 만드는 이미지이다.

이야기가 있는 시는 서사적 구조를 갖는 노래가 된다. 이 분야에서 송창식의 대표작은 「담배가게 아가씨」이다.

우리동네 담배가게에는 아가씨가 예쁘다네
짧은 머리 곱게 빗은 것이 정말로 예쁘다네
온 동네 청년들이 너도 나도 기웃 기웃 기웃
그러나 그 아가씨는 새침데기
앞집의 병열이 녀석은 딱지를 맞았다네
만화가게 진원이 녀석도 딱지를 맞았다네
그렇다면 동네에서 오직 하나 나만 남았는데
아 기대하시라 개봉 박두
다음날 아침 일찍부터 담배 하나 사러 가서
가지고 간 장미 한 송이를 살짝 건네어 주고
그 아가씨가 놀랄 적에 눈싸움 한 판을 벌인다
아 자자자자자자자
아 그 아가씨 웃었어

이렇게 시작된 '나의 구애작전'은 제2절에서 '그 아가씨 발걸음 소리 맞춰 뒤따라 걸어가는' 장면으로 발전한다. 그때 아랫동네 불량배들이 아가씨를 포위하자 '나'는 백마의 기사처럼 달려갔다가 '하늘빛이 노랗게' 흠씬 두들겨 맞는다. 그 뒤 '나를 보며 웃어주는 아가씨'를 보러 '아 나는 지금 담배 사러 간다.'

이 내용을 소설로 쓴다면 평범한 이야기가 될 가능성이 크다. 그러나 이 노래는 아주 짧은 서사적 구조 안에서 긴박감과 웃음을 아울러 일으키면서 듣는 이의 감흥을 한껏 고조시킨다.

대중음악평론가 강헌은 '송창식이야말로 조용필과 어깨를 나란히 할 수 있는 가왕歌王'이라는 뜻의 말을 한 적이 있다. 나도 이 말에 공감한다.

송창식은 1,000여 곡의 노래를 미완성인 채로 보관하고 있다고 한다. 이른 시일 안에 그 가운데 많은 곡들이 대중의 귀에 전해지기를 기대한다.

# 청아하고 경쾌한 윤형주의 음악

1970~1980년대에 젊은 시절을 보낸 사람들을 '7080세대'라고 부른다. '세시봉 친구들'의 노래를 즐겨 듣던 이들은 '6070세대'라고 볼 수 있을 것이다. 조영남, 송창식, 윤형주, 김세환이 1960년대 중반이나 말부터 젊은이들에게 알려지기 시작하면서 1970년대에 대중음악의 중심부로 진입했기 때문이다.

그들 가운데서도 특히 윤형주는 요즘 말로 하면 가장 많은 '오빠부대'를 거느리던 가수였다. 대학생들은 물론이고 보통사람들도 야유회나 수련회를 가면 거의 어김없이 윤형주의 노래들을 부르면서 낭만과 사랑에 젖어들었다. 젊은이들이 모닥불을 피워 놓고 둘러앉아 옆 사람의 손바닥을 두드리며 가장 많이 부른 노래는 「라라라」 (『윤형주 골든 히트』(1983)에 수록) 였다.

조개껍질 묶어 그녀의 목에 걸고
불가에 마주 앉아 밤새 속삭이네
저 멀리 달 그림자 시원한 파도소리
여름밤은 깊어만 가고 잠은 오지 않네
라라랄랄랄라……

아침이 늦어져서 모두들 배고파도
함께 웃어가며 식사를 기다리네
반찬은 한두 가지 집 생각나지마는
시큼한 김치만 있어주어도 내겐 진수성찬
라라라랄랄라……

트윈 폴리오를 해체하고 솔로 가수의 길로 나선 윤형주는 1971년에 「라라라」를 발표하고 나서 「두 개의 작은 별」과 「우리들의 이야기」(1972), 「어제 내린 비」(1973), 「미운 사람」(1974)을 잇달아 내놓았다. 모두가 히트곡이었다.

이 노래들은 오늘날까지 40년 가까이 변함없이 윤형주 음악의 기조를 이루고 있다. 「우리들의 이야기」는 지금도 6070세대가 즐겨 듣는 추억의 노래일 뿐 아니라 젊은이들이 공감할 수 있는 '청춘의 전설'이다.

웃음 짓는 커다란 두 눈동자 긴 머리에 말 없는 웃음이
라일락 꽃 흩날리던 교정에서 우리는 만났소
밤하늘에 별만큼이나 수많았던 우리의 이야기들
바람같이 간다고 해도 언제라도 난 안 잊을 테요

1975년 '대마초 사건'으로 음악 활동을 중단할 수밖에 없었던 윤형주는 1980년 해금되자마자 「바보」와 「고백」 등이 수록된 독집음

반을 발표했다. 정력적으로 100여 곡의 노래를 창작한 그는 그 가운데 「바보」가 자신의 특성에 가장 잘 맞는 노래라고 말했다.

오랜만에 그녀가 보내온 짤따란 사연 하나
이젠 다시 볼 수가 없어요

당신을 떠나갑니다
설마 나를 두고 갈까
다신 못 만날까
네가 그렇게도 좋아

이 세상이 모두 네 것 하더니
하고픈 말 아직도 많은데
언제나 전해 줄까
바보같이 눈물 흐르고
자꾸만 흘러내리네

이 노래에는 윤형주 특유의 미성이 아주 잘 드러나 있다.
　윤형주는 「비와 나」를 작사해서 송창식에게 작곡을 맡겼다. 이 노래는 『송창식 골든 제1집』(1982)과 『윤형주 골든 히트』(1983)에 수록되었는데 두 사람의 창법을 대비해보면 아주 흥미롭다.

언제부터 이 비가 내리기 시작했을까
언제부터 이 빗속에 내가 서 있었을까
노을에 물든 구름처럼 꿈 많은 소녀
꿈 찾아 꿈을 찾아 저 멀리 떠나버렸네
태양을 보며 약속했었지 언제까지나 길동무 되자고
눈물처럼 내 뺨엔 빗물이 흘러내리고
내가 왜 혼자서 이렇게 이 빗속에 울고 있을까

윤형주는 1988년 창작곡 10편을 모아 『사랑하는 사람이라면』이라는 앨범을 펴냈다. 같은 해에 그는 KBS 2FM의 '윤형주의 음악앨범' 디스크자키를 맡아 일하면서 방송인으로 복귀했다.

윤형주의 음악 인생에서 가장 특이한 경력은 광고음악계의 제일인자라는 사실이다. 그는 1976년에 첫 CM송을 제작한 이래 지금까지 무려 1,400여 곡을 작사 작곡했다. 특히 오란씨 광고음악은 이 분야의 전설이 되었다.

하늘에서 별을 따다
하늘에서 달을 따다
두 손에 담아 드려요
아름다운 날들이여
사랑스런 눈동자여
오 오 오 오 오란씨

윤형주는 이 CM송에 얽힌 비화를 한국방송광고공사의 기관지인 『방송광고』에 이렇게 소개했다.

"메이저 음료회사들이 경쟁적으로 강렬하고 공격적인 광고를 진행하고 있던 상황이었어요. 제품에 관한 이야기는 단 한 마디도 하지 않는 감성적인 CM송을 광고주 측에 제시하자 '그걸로는 시장에서 밟혀 죽는다는' 부정적인 의견이 지배적이더라고요. 그러자 강신호 회장이 '미스터 윤은 왜 그 작품을 고집하느냐'라고 물으셨어요.

'요즈음 광고를 보면 털이 숭숭 난 우락부락한 남자들이 누가 더 빨리 뛰나 씩씩거리며 경쟁하고 있는 것 같은 느낌을 받았습니다. 만약 건너편 들길에 예쁜 소녀가 꽃바구니를 들고 걷고 있다면 사람들은 누굴 보겠습니까? 광고의 핵심은 차별화인데, 이대로 하면 이길 것을 확신합니다'라고 말씀드렸지요."

회장이 마침내 광고음악계의 초년생인 윤형주의 손을 들어주어 '걸작'이 빛을 보게 되었다고 한다.

그가 업계에서 독보적인 존재가 되고 나서 주문이 몰려들자 경쟁업체들의 비슷한 제품 CM송을 각각 만들어준 적도 드물지 않았다.

음악의 순수성을 중시하는 사람들은 뛰어난 상업성이 가장 큰 목표인 광고음악 제작을 외도라고 볼 수도 있을 것이다. 그러나 텔레비전이나 라디오 또는 영화관에서는 하루에도 수많은 CM송들이 잠재적 소비자들의 귀를 경쟁적으로 파고든다. 그것은 무시할 수 없는 대중문화적 현상이다. 자본주의 사회에서 광고음악이 필수적

요소라면 음악성과 호소력이 뛰어난 작품들을 가능한 한 많이 만들어낼수록 좋을 것이다.

윤형주는 광고음악의 곡과 가사를 만들 때 먼저 애정을 갖고 제품을 바라본다고 한다.

"CM송을 제작할 때 늘 제품을 의인화해요. 내 아이나 연인이나 친구의 입장에 제품을 놓지요. 내가 생활 속에서 만나는 사랑하는 사람이라는 느낌으로 제품을 바라보면 이야기가 풀려요."

윤형주는 국제적 연주활동에서도 새로운 기록을 세웠다. 2003년 7월 초 미국 뉴욕의 카네기홀에서 그의 일가 7명이 공연을 가진 일이 바로 그것이다. 100년이 훨씬 넘는 카네기홀의 역사에서 가족이 함께 연주를 한 것은 그때가 처음이었다고 한다. 윤형주와 아내 김보경, 장녀 선명, 맏사위 류은규, 차녀 선영, 둘째 사위 전병곤(당시는 예비 사위), 막내아들 희원이 카네기홀의 대극장인 아이작 스턴 홀에서 노래와 연주를 했던 것이다.

윤형주가 '대마초 사건'을 계기로 가장 공을 들이는 일들 가운데 하나는 기독교 전도를 위한 복음성가 제작과 보급이다. 그가 음반이나 MP3에 담은 복음성가는 일일이 셀 수 없이 많다. 「그 크신 하느님의 사랑」 「나의 영원하신 기업」 「슬픔 걱정 가득하고」 「예수 안에 생명 있네」 「저 높은 곳을 향하여」 같은 곡들이 그의 목소리를 타고 오늘도 울려 퍼지고 있다.

윤형주는 불우한 이웃 돕기를 비롯해서 다양한 사회사업에 참여하고 있다. 그가 작사, 작곡을 한 「작은 불 밝히고」라는 노래는 뭇 사람에게 전하는 그의 속삭임처럼 들린다.

별빛도 없어 어두운 밤이면
작은 불 밝히고 말소리 가만히 이야기 해봐요
비바람 몰아쳐 두려운 밤이면
작은 불 밝히고 얼굴 가까이 이야기 해봐요
아직도 검은 하늘 걷히지 않고
종소리 희미하게 멀어져 가도
라라라 라랄랄라 라라라라라

# 늙어서도 젊음을 노래하는 김세환

김세환을 노인이라고 부르면 어색하게 들릴 것이다. 그가 보기 드문 동안童顔이기 때문이다. 그러나 어쨌든 그는 2011년에 만 63세가 되었으니 2년 뒤에는 국가가 공인하는 노인이 된다.

1970년대 초에 서울 명동의 널찍한 극장식 카페 '오비스캐빈'에 자주 가던 사람들은 김세환이 미국 팝송을 감미롭게 노래하던 모습을 기억할 것이다. 내가 가장 인상 깊게 들은 노래는 「기억하는 것을 잊지 말아요Don't Forget to Remember」였다. 영국 출신의 트리오 비지스 Bee Gees가 부른 컨트리풍의 그 발라드는 1969년에 싱글 음반으로 나온 것이었다.

김세환은 스스로 기타 반주를 하면서 명확한 영어 발음으로 그 노래를 불렀다. 조영남의 구수하면서도 힘이 넘치는 창법과는 아주 달랐다.

> Oh my heart won't believe that you have left me
> 내 마음은 당신이 나를 떠났다는 것을 믿으려 들지 않네요
> I keep telling myself that it's true
> 나는 그게 진실이라고 혼잣말을 계속하고 있어요

I can get over anything you want, my love

당신이 원하던 사랑은 그 어느 것도 잊을 수 없어요, 내 사랑이여

But I can't get over you

당신한테서 헤어날 수도 없어요

Don't forget to remember me

나를 기억하는 것을 잊지 말아요

And the love that used to be

익숙하던 그 사랑도요

I still remember you

나는 아직도 당신을 기억해요

I love you

당신을 사랑해요

  고음부를 부드럽게 넘어가면서 조용히 흐느끼는 듯한 그의 목소리는 젊은 여성들은 물론이고 나이 지긋한 남자들의 심금을 울리기에도 충분했다.

  김세환이 초기에 부른 사랑노래인 「좋은 걸 어떡해」에 관해 그는 2011년 3월 초 『스타뉴스』와 인터뷰에서 이런 일화를 밝혔다.

  오비스캐빈에서 윤형주가 그 노래를 부르는 것을 듣고 홀딱 반한 김세환이 이렇게 부탁했다고 한다.

  "형, 이 노래 나한테 주라."

  윤형주는 선선히 응하면서 김세환이 「좋은 걸 어떡해」를 녹음할

때 기타 반주를 해주고 화음도 넣어주었다.

> 좋은 걸 어떡해 그녀가 좋은 걸
> 누가 뭐라 해도 좋은 걸 어떡해
> 말로는 곤란해 설명할 수 없어
> 그냥 네가 좋아 이게 사랑일 거야
> 눈 감으면 떠오르고 꿈을 꾸면 나타나고
> 안 보면 보고 싶고 헤어지기 싫어지네

김세환의 노래들은 서정적이라는 차원에서는 조영남, 송창식, 윤형주와 일맥상통하는 점이 있다. 그런데 그는 조영남처럼 박진감과 신명이 어우러지는 창법을 구사하는 것이 아니라 바로 옆에 앉아 있는 연인에게 속삭이듯이 노래를 부른다. 송창식처럼 신들린 듯한 가락을 내는 것도 아니다. 윤형주의 미성과 김세환의 감미로운 목소리는 어딘가 다른 면이 많다.

「토요일 밤에」(조성욱 작사·작곡)라는 노래에 김세환의 그런 특성이 여실히 드러나 있다.

> 긴 머리 짧은 치마 아름다운 그녀를 보면
> 무슨 말을 하여야 할까 오 토요일 밤에
> 토요일 밤 토요일 밤에 나 그대를 만나리
> 토요일 밤 토요일 밤에 나 그대를 만나리라

김세환의 이 노래는 송창식의 「고래사냥」처럼 뜨거운 기氣를 타고 출렁이는 것이 아니라 부드럽게 흥을 돋우는 경쾌한 행진곡 같다.

김세환은 아주 드물게 이야기를 담은 노래(서사적 구조)를 불렀다. 「옛날이야기」(전우중 작사·작곡)가 바로 그것이다.

옛날 옛적 칠복이가 살았었는데 장가 못 간 한탄만을 하고 있었소
보다 못한 동네사람 얘기하기를 백일기도 치성하면 장가 간단다
이 말 들은 칠복이는 다음날부터 새벽부터 밤중까지 기도했는데
구십구일 기도하고 백일 되던 날 흰 수염의 할아버지 나타나셨네
칠복이 네 이놈 내말 듣거라
밭 갈고 농사도 않고 네게 시집 올 색시 있다더냐
어서 가서 일을 하거라 그러면 예쁜 색시 얻게 되노라

그러나 김세환의 장기는 이런 서사적 노래보다도 단아한 연가 풍의 노래에 있음이 분명하다.

25년이 넘도록 산악자전거 타기에 몰입해온 그는 전문가의 체력검사에서 '30대 같다'는 판정을 받았다고 한다. 그래서 환갑을 훌쩍 넘은 나이에도 젊은이처럼 노래를 부를 수 있을까?

김세환은 '세시봉 열풍'이 일어난 뒤 젊은 세대의 노래들에 관해서 이렇게 말했다.

"요즘 젊은 친구들 음악 좋은 것 많다. 어차피 유행이라는 게 그런 거니까. 내 노래가 중요하면 상대방 노래도 존중해야 한다. 우리

것만 좋다고 생각하면 안 된다. 노래는 시대 따라 흘러가는 것이다. 내 입에 쓰다고 나쁜 것이 아니다. 세시봉 친구들의 인기는 두 세대 간의 교감이 이루어졌기 때문에 얻은 것이다."

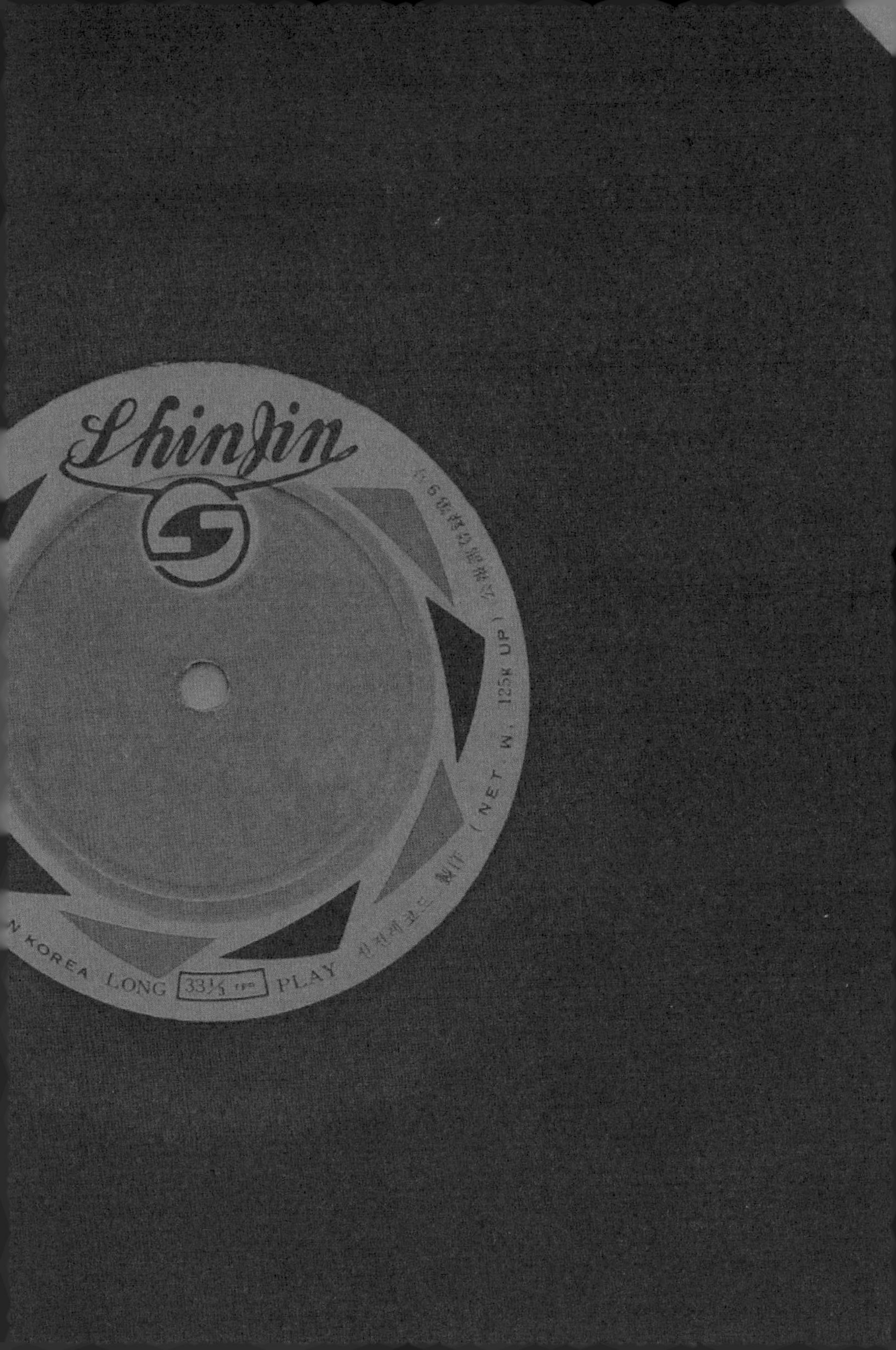

Shinjin
KOREA LONG 33⅓ rpm PLAY
( NET W. 125g UP )

4부
# 1980년 이후의 민중가요

1979년 10월 26일 밤 청와대 바로 옆의 궁정동 '안가安家'에서 몇 발의 총성이 터졌다. 중앙정보부장 김재규가 안가의 만찬장에서 부산·마산 항쟁과 대야 공작에 관해 대통령 박정희에게 보고를 하고 대화를 하다가 미리 준비해 간 권총으로 대통령과 경호실장 차지철을 살해한 것이다.

그 사건으로 군사독재가 끝나지는 않았으나 18년 동안 철권통치에 시달려오던 재야세력과 국민들은 민주주의가 되살아날 것이라는 기대에 부풀었다. 그러나 전두환과 노태우를 중심으로 한 '신군부'는 12·12 군사쿠데타로 실권을 장악하고 독재정권을 연장하는 방향으로 치달았다. 그런 움직임에 맞서 1980년 '서울의 봄'에 민주화를 이루려는 뜨거운 싸움이 전국으로 확산되었다.

신군부는 그해 5월 17일 계엄령을 전국으로 확대하면서 야당 지도자 김대중을 비롯한 민주인사들과 청년 학생들을 대대적으로 체포했다. 이튿날 오전 광주 전남대 학생들이 신군부의 탄압을 규탄하면서 시위에 나서자 계엄군이 무자비한 폭력으로 진압한 것이 도화선이 되어 터진 것이 광주 5월 항쟁이었다.

처음에는 맨주먹으로 계엄군에 맞서다가 나중에는 무장을 하고 광주를 지키려던 시민군은 서로 용기를 북돋기 위해 여러 가지 노래를 불렀다고 한다. 「아침이슬」 같은 곡은 너무 정적이어서 「진짜 사나이」 같은 군가를 부르기도 했다고 한다.

나 태어나 이 강산에 할 일도 많다만
너와 나는 나라 지키는 영광에 살았다

    항쟁 기간에 민주화와 민족 통일에 대한 열망이 더욱 뜨거워진 시민들은 「우리의 소원」을 부르면서 분단된 조국의 통일이 없이는 민주화가 이루어질 수 없음을 절실히 깨달았을 것이다.

우리의 소원은 통일
꿈에도 소원은 통일

    '서울의 봄'과 5월 항쟁은 결과적으로 신군부의 무력에 유린당하고 말았다. 그러나 침묵하고 있던 젊은이들과 재야 세력은 한 해 두 해가 지나면서 다시 민주화운동의 대오를 강화하기 시작했다. 바로 그 시기에 서울대의 노래 동아리인 '메아리'를 비롯해서 여러 대학의 노래패들이 본격적으로 펼친 것이 민중가요 운동이었다.

# 민중가요의 길을 연 사람들

1970년대의 대중음악은 다양하게 발전하고 있었다.

이미자, 패티 김, 최희준, 남진, 나훈아, 배호 같은 가수들의 노래가 높은 인기를 누렸고 조영남, 송창식, 윤형주, 김세환, 이장희 등 '청년문화'를 대표하는 신진 가수들의 음악이 젊은 세대 사이에서 뜨거운 호응을 받았다.

신중현은 1974년에 발표한 『신중현과 엽전들 1집』 앨범에 실린 「미인」이라는 노래로 폭발적인 인기를 얻으면서 '한국적 록 음악'의 가능성을 높였다. 그리고 1975년에 조용필이 부른 「돌아와요 부산항에」가 부산에서 서울로 북상하면서 놀라운 열풍을 일으켰다.

이런 시기에 조용히 민중가요의 길을 열고 있던 두 사람이 바로 한대수와 김민기였다.

남진, 「스테레오 일대작 제4집」, 지구레코드공사, 1975
김추자, 「왜 아니올까」, 유니버어살레코오드사, 1973
조용필, 「나의 길」, 서라벌레코오드사, 1980

### 한대수-미국 포크음악을 한국에 도입하다

한대수는 '세시봉 친구들' 가운데 아주 특이한 인물이었다. 그는 송창식처럼 어린 시절을 불우하게 보냈지만 고생의 내용과 무대가 본질적으로 달랐다.

그는 1948년 부산에서 핵물리학자이던 아버지와 피아니스트이던 어머니 사이에서 태어나 유복한 환경에서 유년기를 보냈다. 그러나 미국에 유학 중이던 아버지는 그가 7세 때 실종되었고 어머니는 곧 재혼했다.

신학자인 할아버지 밑에서 자라던 한대수는 10세 때인 1958년 미국으로 이민을 가서 뉴욕의 할렘에 있는 초등학교를 졸업했다. 그가 1962년에 귀국해서 경남중학을 졸업하고 경남고에 다니고 있던 시기에 행방불명이던 아버지가 나타나자 그는 다시 미국으로 가서 고등학교를 마쳤다.

1966년 그는 뉴햄프셔대학교 수의학과에 입학했으나 적성에 맞지 않아 자퇴하고 뉴욕 사진학교에 들어갔다. 그는 1968년 사진작가가 되어 한국으로 돌아왔다.

영락없는 히피 차림으로 기타를 들고 세시봉에 나타난 한대수를 보고 '사장님'이 "음악 할래?" 하고 물었다. 그가 그러겠다고 대답하자 사장은 세시봉에서 여러 행사를 주관하고 있던 이백천 선생에게 그를 소개했다.

한대수는 『한국 대중음악 100대 명반 인터뷰』(2009)라는 책에서 '세시봉 데뷔'에 관해 이렇게 말했다.

처음 음악 활동을 할 때 10대 후반에 만들었던 노래를 불렀다. 1, 2집이 거의 다 작곡이 된 상태였다. 3집도 부분적으로는 작곡되어 있었다. 한국에 오기 전에 이미 대부분의 곡들이 만들어져 있었기 때문에 굉장히 흥분된 상태였다. 하지만 발표할 기회가 없었다. 음악가이면서 완전히 아마추어로서 아무런 음반 계약도 없는 상태였던 것이다.
당시 관객들은 일단 나의 겉모습에 많이 놀랐다. 긴 머리와 청바지, 통기타 들고 음악 하는 모습에 사람들이 많은 놀라움을 보였다. 음악은 귀에 안 들어왔던 것 같다. 그런 음악을 하는 사람이 없기 때문에, 그래서 나는 많이 답답했다. 나는 음악을 열심히 하는 사람일 뿐인데 음악은 인정을 안 하고 긴 머리를 가졌다고 히피라고만 얘기하니 많이 슬펐다.(76~76쪽)

그날 이후 한대수는 '아침에 곡을 만들어 저녁에 슬리퍼를 신고' 세시봉으로 달려가서 노래를 불렀다. 「행복의 나라」와 「바람과 나」가 바로 그 시절에 태어났다.

> 끝없는 바람 저 험한 산 위로 나뭇잎 사이 불어가는
> 아 자유의 바람 저 언덕 위로 물결 같이 춤추는 님
> 무명 무실 무감한 님! 나도 님과 같은 인생을
> 지녀볼래 지녀볼래

물결 건너편에 황혼에 젖은 산끝보다도 아름다운
아! 나의 님 바람! 뭇 느낌 없이 진행하는 시간 따라
하늘 위로 구름 따라 무목無目 여행하는 그대의
인생은 나 인생은 나

(―「바람과 나」)

한대수가 이 노래를 처음으로 부르던 때는 이른바 '김신조 사건' 이 그해 1월 21일에 터져서 온 나라가 병영兵營처럼 바뀌어 가던 시기였다. 그가 이름 없는 아마추어 가수로서 세시봉의 비좁은 무대에서 그런 노래를 불렀으니 권력이 그다지 주목하지는 않았던 모양이다.

그러나 한대수는 박정희 정권이 영구집권을 위해 국회에서 '삼선개헌안'을 날치기로 통과시키던 무렵인 1969년 9월에 남산의 드라마센터에서 '반체제적'으로 보이는 연주회를 열었다가 '요시찰 인물'이 되고 말았다.

한대수는 자서전 『행복의 나라로 갈 테야』(2005)에 텔레비전에 처음 나가던 때의 이야기를 이렇게 적었다.

이백천 씨의 도움을 받아 텔레비전에 출연하게 되었다. 첫 출연의 기억은 아직도 생생하다. 김동건 씨가 사회를 보는 '명랑백화점'이라는 프로그램이었다. 극도로 긴장되었지만, 몸을 흔들고 기타와 하모니카를 한꺼번에 연주하면서 '행복의 나라'로 나아

갔다. 관객들은 어이없어 했다. 할 말도 생각도 잊은 듯했다. 난생 처음 보는 광경이었던 것이다.

남진의 부드러움과는 거리가 먼 목소리, 동물적인 무대 매너, 흐트러진 장발……. 거리에 나서면 사람들은 예외 없이 "당신 도대체 남자요, 여자요?" 하고 물었다. "글쎄요, 나도 모르겠는데요." 하면 화를 내면서 욕을 퍼붓곤 했다.

사회자인 김동건 씨도 내 노래를 듣고 당황해서, 악단장 이봉조 씨에게 내 음악을 어떻게 생각하느냐고 물었다. 이봉조 씨는 씩 웃으며 말했다. "좀 낯설지만 재밌잖아요?" 그렇게 멋진 평을 해준 이봉조 씨에게 지금도 감사한다. (73쪽)

한대수는 처음부터 포크음악을 할 생각이었느냐는 물음에 '나는 음악의 장르 같은 것은 별로 구분을 하지 않는다'고 말했다. 그가 한국으로 돌아온 1968년에는 세션 플레이어나 포크를 할 수 있는 음악인들이 별로 없었다고 한다. 그래서 그는 미국의 포크음악을 우리나라에 처음으로 도입한 사람이 되었던 것이다.

미국의 포크음악이라는 용어는 19세기에 태어났다는 것이 통설이다. 구전口傳되는 음악이나 하층 계급 사람들이 부르는 노래들을 일반적으로 포크음악이라고 불렀으므로 우리나라의 민요와 비슷하다고 보면 될 것이다. 따라서 포크음악의 작사·작곡자는 무명無名의 사람들이었다.

그런데 1930년대에 우디 거스리가 미국의 포크음악을 수집한 뒤

1940년대에 자신의 노래들을 포크 형식으로 쓰기 시작하면서 이 장르가 새롭게 태어났다. 피트 시거가 거스리의 뒤를 따르면서 포크 음악은 대중성을 넓혀 나갔다.

1960년대에 거스리의 후계자가 된 음악인들은 앞에서 이야기한 밥 딜런, 존 바에즈, 필 오크스, 톰 팩스턴 등이었다. 그들은 미국의 공민권운동을 지지하는 '저항 음악'을 창작하면서 시사성이 강한 노래들을 불렀다.

한대수가 미국에서 대학을 다니던 무렵 그 나라의 상황을 대표적으로 보여주는 어휘는 '반전(추악한 베트남 전쟁 반대)'과 평화였다. 반전 운동은 미국의 진보적 지식인들과 청년 학생들이 주도했고, 평화를 상징하는 무리는 '히피'라고 불렸다.

히피는 1960년대에 미국의 샌프란시스코와 로스앤젤레스를 중심으로 생겨나기 시작했다. 주로 백인 청년들인 '히피족'은 기존의 사회 통념과 제도, 가치관을 부정하면서 인간성 회복, 자연으로의 회귀 등을 주장했다. 그들은 1950년대 미국의 경제적 호황기에 형성된 대중문화와 소비자본주의에 반발하면서 도덕과 이성보다는 자연스런 감성을 사랑했다.

히피의 이념과 행동은 1960년대 중반 미국에서 성행하던 '신좌파New Left', 공민권운동과 더불어 미국의 지배체제를 곤혹스럽게 했다. 히피족은 특히 복장 때문에 기득권 세력의 혐오감을 샀다. 그들은 머리를 길게 기르고 다양한 천으로 만든 옷을 입은 채 맨발에 샌들을 신고 다녔다. 히피족 가운데는 마약을 상습적으로 복용하는 젊은이가 많았다. 마리화나와 LSD를 상용하면서 자유로운 성관계를 맺기도 했다.

비틀스는 완전한 히피는 아니었지만 장발과 자유분방한 생활태도 그리고 일부 멤버의 환각제 복용 때문에 히피족을 대변하는 듯이 여겨지기도 했다.

한대수, 「멀고 먼- 길」, 신세계레코드사, 1977

박정희 정권이 보기에 히피의 한국 상륙은 재앙이나 다름없었을 것이다. '1965년 우여곡절 끝에 베트남에 파병을 하고 미국과의 관계를 더 긴밀하게 다졌는데 한국에 히피족이 나타나서 반전운동을 벌이거나 '퇴폐풍조'를 확산시킨다면 얼마나 심각한 사회문제가 될까?'

그런 씨앗을 부릴 가능성이 큰 한대수는 정권의 표적이 될 수밖에 없었을 것이다. 그래서 그의 초기 노래들에는 '금지곡'이라는 낙인이 찍혔다.

노래를 만들 길도 부를 길도 봉쇄당한 한대수는 1971년 해군에 입대했다. 3년 3개월 만에 제대해보니 김민기가 「바람과 나」, 양희은이 「행복의 나라로」를 부르고 있었다. 그래서 그는 첫 번째 앨범인 『멀고 먼- 길』(1974)을 만들 수 있었다. 대중의 반응이 천천히 오기 시작했으나 방송을 탄 노래는 위의 두 곡뿐이었다.

한대수가 1975년에 펴낸 2집 앨범 『고무신』은 '체제 전복적'이라는 이유로 판매 금지를 당했다. 그는 박 정권의 무분별한 음악 탄압에 대해 '당시 정치적이고 체제 전복적인 음악을 하겠다는 자의식은 전혀 없었다'고 말했다.

"나는 그저 나 자신의 음악을 한 것뿐이었다. 말하자면 영국의 도노반이나 미국의 밥 딜런, 캐나다의 레너드 코헨처럼 그저 내 노래를, 내가 10대 20대에 겪었던 사랑과 좌절을 노래했을 뿐이다. 그 시절 연애를 할 때 얼마나 기뻤는가. 아름다운 여인을 품속에 안을 때의 아름다움, 그런 것들을 표현했을 뿐이다."

그는 '망명'하다시피 뉴욕으로 가서 하드록 밴드 '징기스칸'을 결성했다. 비틀스, 롤링 스톤스, 레드 제플린이 인기가 높았는데 동양에서 나온 록 스타가 없어서 '한번 해봐야겠다'고 다짐했다는 것이다. 그러나 유대계가 장악하고 있는 뉴욕의 음반업계에서 그를 도와주는 사람은 전혀 없었다. 그가 이끄는 '징기스칸'이 유명한 클럽들에서 연주하면서 인기가 높았는데도 그랬다.

한대수는 2집 이래 15년 동안이나 침묵하다가 1989년에 3집 『무한대』를 발표했다. 1970~1980년대에 만든 곡들을 모은 앨범이었다. 「One Day」 「If You Want Me To」 「무한대」 같은 노래들이 수록된 그 앨범 작업에는 김민기, 손무현, 김영진 등 젊은 음악인들이 참여했다.

그는 '실험정신으로 새로운 음악적 방향을 보여준' 4집 『기억 상실』(1990)과 5집 『천사들의 담화』(1991)를 낸 뒤 1999년 뉴욕에서 7집 『이성의 시대, 반역의 시대』를 발표하고 귀국했다. 한국 영주를 위한 두 번째 귀향인 셈이었다.

그의 음반들에서는 서양 클래식 음악의 영향이 많이 느껴진다는 지적에 대해 한대수는 '할아버지가 클래식 음악가라서 어린 시절부터 모차르트, 베토벤, 바그너, 말러, 쇼스타코비치 등의 작품들을 많이 들어서 그럴 것'이라고 설명했다.

그는 한국에 다시 자리를 잡고 나서도 8집 『Eternal Sorrow』(2000), 9집 『고민』(2002), 10집 『상처』(2004), 11집 『2001 Live at Olympic Fencing Stadium』(2005), 12집 『욕망』(2006)을 잇달아 내놓았다.

나는 2010년 11월 4일부터 MBC가 '기분 좋은 날'의 특집으로 내보낸 '한대수의 순애보' 1~3편을 보고 그가 어떻게 살고 있는지 여실히 알 수 있었다. 1970년에 결혼을 한 한대수는 20년 만에 아내와 이혼한 뒤 자살까지 생각하다가 뉴욕에서 증권회사에 근무하는 몽골계 러시아 여성 옥사나 알페로바를 만나 사랑에 빠져 부부의 연을 맺었다. 한대수보다 스물두 살 아래인 옥사나는 업무 때문에 밤마다 술을 마실 수밖에 없었다. 그 결과는 알코올의존증이라는 심각한 병으로 나타났다.

남편을 따라 한국으로 와서 딸을 낳은 뒤에도 그 질환은 고쳐지지 않았다. 자신도 심장 수술을 받을 정도로 건강이 나빠진 한대수는 세 살 난 딸을 보살피면서 아내를 정상 상태로 되돌리는 데 모든 것을 바쳤다. 애원도 하고 꾸지람도 하다가 결국은 전문치료기관에 보내기도 하면서 아내를 위해 눈물겹게 헌신하는 그의 모습은 참으로 감동적이었다.

그는 생계를 위해 어느 방송 프로에 디스크자키로 나가는 시간 말고는 아내와 딸만을 위해 살아간다고 말했다. 몸과 마음이 함께 고단한 한대수는 20대 청년 시절에 즐겨 부르던 '행복의 나라로 갈 테야'를 지금 읊조리고 있을까?

### 김민기-민중의 바다로 나간 종합예술가

김민기가 한국 대중음악계에 정식으로 등장한 것은 1971년, 그가 20세 때였다. 대도레코드사가 낸 음반의 이름은 『아하, 누가 그렇게…』였다. 이 앨범에는 「아침 이슬」「가을 편지」「내 나라 내 겨레」「친구」 등이 실려 있다. 지금은 구하기가 어려워 한국 대중음악사의 '국보'처럼 된 그 음반에 얽힌 재미있는 일화가 있다. 김민기와 가까이 지내면서 미술에 입문한 조영남은 『놀멘놀멘 2』에 그 이야기를 이렇게 적었다.

> 한 번은 기독교방송국의 김진성 PD가 김민기의 레코드 판을 만들었다고 나한테 전해 준 적이 있었는데, 나는 속으로 '어! 이 친구가 레코드 판을 다 만들어?' 했을 정도였다.
> 판 같은 것은 영 안 만들 것 같은 김민기가 레코드 판을 만들었다기에 우선 놀랐고, 더구나 레코드 판의 제작자가 김진성이라는 데에 또 한 번 놀랄 수밖에 없었다. 왜냐하면 김진성이라는 인간도 우리 연예계 바닥에선 둘째가라면 눈물 흘릴 만큼 불가사의

한, 그래서 전설적인 인물이었기 때문이다. (……)
천하에 누구도 김진성과 김민기가 합작으로 레코드 판을 만들어 내리라고 예상하지 못했으리라. 당시 그들의 몰골을 잠깐만이라도 본 사람들은 지금의 내 증언을 납득하고도 남을 것이다. (……) 그들 세트가 우물떡주물떡 만들어서 허허벌판 저 넓은 광야에 내던진 레코드 판이 바로 문제의 「아침 이슬」이었다. (51쪽)

조영남의 표현에 조금 과장된 부분이 있지만 김민기는 언제 보더라도 미술이나 음악을 전공하는 사람들의 전형적인 인상과는 아주 달랐다.

내가 「아침 이슬」을 처음 들은 것은 우연한 자리에서였다. 1971년 말에 나는 동아일보사 사회부 기자로 서대문경찰서에 출입하고 있었다. 그 당시 쓰던 말로 나의 '나와바리'˙는 서대문·마포·서부 경찰서와 그 지역에 있는 이화여대, 연세대, 서강대였다.

그해 가을 어느 날 오전 출입처를 한 바퀴 돌고 기자실에서 쉬고 있는데 누군가가 '오늘 저녁 이대 앞 다방에서 재미있는 음악회가 있다'고 알려주었다. 대부분 총각이던 기자들은 이대 정문 앞의 숙녀 다방(아니면 파리 다방이었던가)으로 우르르 몰려갔다. 다방의 카운터 옆에 만든 임시무대에 한 청년과 두 처녀가 올라섰다. 남자는 당시 기독교방송에서 디스크자키를 맡고 있던 서강대 출신 임문일, 여자

● 취재영역이라는 뜻의 일본어

양희은, 『양희은 고운 노래 모음』, 유니버어살레코오드사, 1971
양희은, 『고운노래모음 제2집』, 유니버어살레코오드사, 1973
양희은, 『양희은 고운 노래 모음 제3집』, 유니레코오드사, 1974

양희은, 『내님의 사랑은』, 서라벌레코오드사, 1976
양희은, 『히트 18 퍼레이드』, 한국음반(주), 1984
양희은, 『이루어질 수 없는 사랑』, 서라벌레코오드사, 1985

들은 서강대생 양희은과 이화여대생 방의경이었다.

임문일이 사회를 보는 가운데 양희은이 「아침 이슬」을 부르던 모습이 생각난다. 방의경은 기타를 치면서 「아름다운 것들」을 양희은과 함께 불렀다.

나는 그때 「아침 이슬」이 장차 수십 년 동안 국민가요처럼 불리리라고는 상상하지 못했다. 풋풋한 양희은의 모습과 시원한 창법, 더러 객석에 던지는 재담이 인상적이라고 생각했을 뿐이다.

그런데 「아침 이슬」은 그 뒤 어떻게 되었는가? 대중음악평론가 강헌은 『노래 4』(1993)에 실은 「한국 언더그라운드 음악의 계보학」이라는 글에서 「아침 이슬」의 역사적 의미를 이렇게 정리했다.

> 그러나 조금 과장하여 말한다면, 이 단 한 곡이 대중음악사의 지형도를 순식간에 바꾼다. 통기타의 물결 위에 아로새겨진 기념비적인 이 「아침 이슬」은 대중음악이 소외에 대한 값싼 위로가 아니라 존재와 역사에 대한 적극적인 개입을 감행할 수도 있다는 측면을 웅변적으로 증명했다. 양희은의 음악 이력을 통틀어 가장 큰 행운은 이 곡의 작곡자이자 1970년대 대중음악사의 가장 중요한 인물인 김민기와 함께 음악 생활을 시작할 수 있었다는 데 있다. 그가 있음으로 해서 양희은은 소규모 음악홀에서 서구 포크음악의 번안곡만을 부르는 '가수'로 머물러 버릴 수도 있는 운명에서 탈출할 수 있었다.
> 양희은의 당당하고 또렷한 발성은 대중음악에 있어서 가사의 의미 전달을 확장시켰을 뿐만 아니라 '사랑'으로 범벅된, 한국 대중음악의 과잉된 습기를 단번에 제거시켰다. (261쪽)

박정희 정권은 1975년에 이렇다 할 이유도 밝히지 않고 『김민기 1집』을 '합법적 금지곡'으로 만들어버렸다. 그때 김민기는 최전방에서 군대생활을 하고 있었다. 1972년의 '유신헌법 찬반투표 반대' 사건에 연루되었다는 혐의로 1974년에 징집되어 영창살이를 하고 난 뒤였다.

김민기가 군대생활을 하면서 만든 「내 나라 내 겨레」는 병영의 억압적 분위기에서 누군가의 강요에 따라 쓴 작품이 아닌가 하는 의혹을 받기도 했지만 보통사람들은 물론이고 '운동권'에서도 즐겨 부르는 노래가 되었다.

> 보라 동해에 떠오르는 태양 누구의 머리 위에 이글거리나
> 피맺힌 투쟁의 흐름 속에 고귀한 순결함을 얻은 우리 위에
> 보라 동해에 떠오르는 태양 누구의 앞길에서 훤히 비치나
> 찬란한 선조의 문화 속에 고요히 기다려온 우리 민족 앞에
> 숨소리 점점 커져 맥박이 힘차게 뛴다
> 이 땅에 순결하게 얽힌 겨레여
> 보라 동해에 떠오르는 태양 우리가 간직함이 옳지 않겠나

제대한 뒤 김민기는 오랫동안 침묵을 지키다가 1978년에 노래굿 『공장의 불빛』(효성음향)을 펴냈다. 그가 종합예술가의 면모를 여실히 보인 첫 마당이 바로 『공장의 불빛』이었다.

이 노래굿은 1970년대 초에 시작되어 1978년에 정점에 이른 인천 '동일방직 노조 탄압'을 소재로 삼고 있다. 유신독재 시기에 일어난 대표적 노동운동 탄압인 그 사건이 벌어지던 기간 내내 민주화운동 진영은 권력과 자본의 야만성을 강력히 비판했다. 『공장의 불빛』은 서울대 탈춤반 출신 청년들의 모임이었던 '한두레'가 기획한 작품으로 김민기가 공동창작을 주관했다고 한다. 1979년 2월 서울 제

일교회에서 채희완의 안무로 무대에 올려졌다. 나중에 카세트테이프로 나와서 대학가는 물론이고 노동현장에서 선풍적인 인기를 얻었다.

김민기는 「공장의 불빛」에서 감정의 강약을 적절히 조절하면서 노동자들의 투쟁과 삶, 그리고 꿈을 그렸다. 이 노래굿에 나오는 「이 세상 어딘가에」라는 곡은 시인이자 작곡가인 김민기의 능력을 잘 보여준다.

> 이 세상 어딘가에 있을까 있을까
> 평등과 평화 넘치는 자유의 바닷가
> 큰 물결 몰아쳐 온다 너무도 가련한 우리
> 손에 손 놓치지 말고 파도와 맞서 보아요
> 이 세상 어딘가에 있어요 있어요
> 분홍빛 고운 꿈나라 행복만 가득한 나라
> 하늘빛 자동차 타고 나는 화사한 옷 입고
> 잘생긴 머슴애가 손짓하는 꿈의 나라
> 이 세상 아무 데도 없어요 없어요 정말 없어요
> 살며시 두 눈 떠봐요 밤하늘 바라봐요
> 어두운 넓은 세상 반짝이는 작은 별
> 이 밤을 지키는 우리 힘겨운 공장의 밤

『공장의 불빛』 후반부에서 여성노동자 옥이가 부르는 이 노래는 거칠고 강한 투쟁의 소리가 아니라 담담하고 절제된 말과 가락으로 고통 받는 노동자의 꿈을 전하기에 더욱 진한 감동을 준다.

1970년대 중반에 민주화운동권 사람들이 많이 부르던 김민기 작사·작곡의 「강변에서」(1974)도 그의 탁월한 시작詩作 능력과 서정적 음악성을 잘 드러내고 있다. 이 노래는 하루 내내 힘겨운 노동을 하고 집으로 돌아가는 순이라는 처녀를 그리고 있다.

> 서산에 붉은 해 걸리고 강변에 앉아서 쉬노라면
> 낯익은 얼굴이 하나 둘 집으로 돌아온다
> 늘어진 어깨마다 퀭한 두 눈마다
> 빨간 노을이 물들면 왠지 마음이 설레인다
>
> 강 건너 공장의 굴뚝엔 시커먼 연기가 펴오르고
> 순이네 뎅그런 굴뚝엔 파란 실오라기 펴오른다
> 바람은 어두워 가고 별들은 춤추는데
> 건너 공장에 나간 순이는 왜 안 돌아오는 걸까

이 노래의 화자話者는 『열아홉 살 순이』를 기다리면서 '공장 굴뚝의 시커먼 연기'와 '순이네 굴뚝의 파란 실오라기'를 대비해서 바라본다. '늘어진 어깨'에 '퀭한 두 눈'의 '낯익은 얼굴들'은 1970년대 '조국 근대화의 역군'이라면서도 억압과 수탈에 시달리던 여성 노동자들의 상징이다.

「강변에서」와 노래굿 『공장의 불빛』을 통해 김민기는 「아침 이슬」에서 보이던 '추상적 민중성'을 벗어나서 민중의 구체적인 삶을 형상화 했다. 바로 이런 점 때문에 김민기는 민중가요의 시대를 연 선구자라는 평가를 받는 것이다.

민중가요를 본격적으로 창작하기 전의 김민기에 관한 일화로 흥미로운 것이 있다. 그는 1970년대 초반 가을 어느 날 고은 시인과 서울 청진동인가 어디에서 술자리를 함께하다가 가을을 소재로 한 노랫말을 부탁했다고 한다. 고 시인이 그 자리에서 즉흥적으로 쓴 시가 「가을편지」였다. 작곡은 물론 김민기가 했다.

> 가을엔 편지를 하겠어요
> 누구라도 그대가 되어
> 받아주세요 낙엽이 쌓이는 날
> 외로운 여자가 아름다워요

'샹송가수'로 이름을 날리던 최양숙이 부른 이 노래는 지금도 노래방에 애창곡으로 올라 있다.

김민기는 1990년대에 들어 공연기획자 겸 연출가로 활동하면서 종합예술가로서 입지를 더욱 넓혔다. 그가 1991년 서울 대학로 뒤편 동숭동에 문을 연 소극장 '학전블루'는 2011년에 스무 돌을 맞이했다.

'학전'은 한국 공연사에 길이 남을 기록을 세웠다. 록뮤지컬 「지

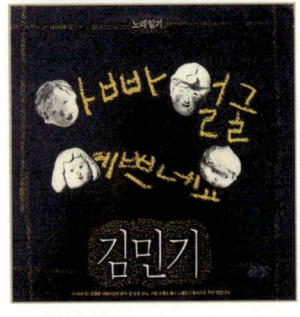

록 뮤지컬 「지하철 1호선」 중에서
김민기, 「아빠 얼굴 예쁘네요」, 효성음향, 1987

하철 1호선」이 2008년 말 4,000회로 마감한 일이 바로 그것이다. 학전의 고정 프로였던 '노영심의 작은 음악회'는 지상파 방송사가 유치해 갈 정도로 인기가 높았다. 학전의 라이브 콘서트를 거쳐간 가수와 그룹은 안치환, 박학기, 권진원, 장필순, 들국화, 동물원, 여행스케치, 노찾사, 유리상자 등 대중성과 예술성을 아울러 갖춘 음악인들이었다.

김민기는 한 일간지와의 인터뷰에서 학전은 전에도 그랬지만 앞으로도 어린이들을 위한 공연에 힘을 쏟을 것이라고 말했다.

"학전을 시작하기 전부터 아동극을 생각하고 있었어요. 사회는 계속 경쟁 일변도로 치닫고 있고, 그 속에서 약자에 속하는 아이들이 맞게 될 결과는 너무 뻔합니다. 결국 희생양이 될 가능성이 크지요. 실상 우리 아이들에겐 즐길 수 있는 게 너무 없어요. 학교와 학원을 왔다 갔다 하면서 고작 텔레비전이나 컴퓨터에서 재미를 찾지요. 그러나 공연은 다릅니다. '아날로그적 접촉'을 통해 취학기 아동이나 청소년들에게 가장 부족한 부분을 메울 수 있어요. 일차적으로는 아이들 생활에서의 리얼리티를 확보하는 것이 우선입니다."

# 민중가요 운동의 기폭제가 된 5월 항쟁

1980년대 초 어느 날 다방에서 손님과 차를 마시던 나는 실내 확성기에서 울려나오는 음악을 무심결에 듣고 있었다. 그런데 그 멜로디가 아주 귀에 익었다.

'프랑스어로 된 샹송 같은데 어디서 들은 노래일까?'

머릿속에 어떤 노랫말이 떠오르면서 나는 흠칫 놀랐다.

'아니, 이럴 수가! 저건 「오월의 노래」인데 언제 샹송으로 옮겨졌단 말인가.'

손님과 대화를 나누던 시간 내내 그 생각은 내 머리를 떠나지 않았다.

1980년 광주에서 일어난 5월 항쟁이 끝난 뒤 그 지역은 물론이고 전국이 싸늘하게 얼어붙어버렸다. 신군부가 실질적으로 박정희 정권을 계승하면서 철권정치를 강화했기 때문이다. 그렇게 살벌한 상황에서 광주에서는 '5월'을 기리고 되살리려는 움직임들이 조용히 일어나기 시작했다. 그 가운데 하나가 노래 운동이었다.

> 꽃잎처럼 금남로에 뿌려진 너의 붉은 피
> 두부처럼 잘리워진 어여쁜 너의 젖가슴

오월 그날이 다시 오면 우리 가슴에 붉은 피 솟네
왜 쏘았지 왜 찔렀지 트럭에 싣고 어딜 갔지
망월동에 부릅뜬 눈 수천의 핏발 서려 있네
오월 그날이 다시 오면 우리 가슴에 붉은 피 솟네

산 자들아 동지들아 모여서 함께 나가자
욕된 역사 고통 없이(투쟁 없이) 어떻게 헤쳐 나가랴
오월 그날이 다시 오면 우리 가슴에 붉은 피 솟네

「오월의 노래」라는 제목이 붙은 이 곡의 작사자는 명확히 드러나지 않았다. 1981년께부터 5월 항쟁을 기념하는 모임이나 민주화운동권의 집회에서는 그 노래를 많이 불렀다.

나중에 내가 알아보니 「오월의 노래」는 프랑스 가수 미셸 폴나레프가 부른 「누가 할머니를 죽였는가 Qui a Tué Grand Maman」를 번안한 것이었다. 원곡의 가사는 이렇다.

할머니가 살던 시절에
정원엔 꽃들이 만발했지
이제 그 시절은 가고 남은 것은 기억뿐
더 이상 아무것도 남지 않았어
누가 할머니를 죽였는가
세월인가 아니면 무심한 사람들인가

이 샹송은 인간의 삶과 자연을 파괴하는 문명을 비판한 노래이다. 소박하게 텃밭을 가꾸면서 살아가던 할머니가 재개발 지역으로 지정된 자신의 정원을 지키려고 투쟁하다가 희생당한 실제 사건이 원곡의 소재이다. 그 할머니를 추모하려고 1971년에 프랑스 음악인들이 이 노래를 만들었다고 한다.

어쨌든 이런 사연과는 아랑곳없이 한국에서「오월의 노래」로 탈바꿈한 그 샹송은 5월 항쟁을 대표적으로 상징하는 '고전'이 되었다.

### '메아리'에서 '노찾사'까지

5월 항쟁 이후 긴 겨울잠에 빠져 있던 한국의 민족·민주운동 진영이 천천히 깨어나기 시작한 때는 1983년 가을이었다. 그해 9월 말 창립된 민주화운동청년연합(의장 김근태)에 이어 노동, 농민, 문화 분야에서 전국적 조직이 활발하게 생겨났던 것이다.

기성세대가 그렇게 천천히 민주화운동의 전열을 다시 갖춘 것과 달리 대학가에서는 5월 항쟁 직후부터 신군부의 새로운 군사독재 체제에 저항하는 움직임이 나타났다. 많은 대학생들이 특권의 상징처럼 되어 있던 학교 배지를 떼어버리고 노동 현장이나 농촌을 찾아가서 민중과 하나가 되려고 노력했다.

특히 문화 쪽에서는 대학의 동아리들이 주도하는 노래, 마당극, 연극, 영화 운동이 활기를 띠었다.

학생운동권에서 민중가요를 지향하는 동아리로 맨 처음 결성된 것은 서울대의 '메아리'였다. 이 모임은 5월 항쟁 한 해 전인 1979

년, 당시 학생이던 김창남(현재 성공회대 교수, 대중문화평론가)을 중심으로 노래 운동을 시작했다.

그런데 '메아리'는 아직 독자적으로 창작을 할 능력이 모자랐던지 주로 김민기의 작품들을 카세트테이프로 보급하는 데 주력했다. '메아리'가 『공장의 불빛』이 '불법 테이프'의 놀라운 가능성을 보여준 지 몇 달 뒤에 태어난 것을 보면 김민기의 영향이 절대적이었음을 알 수 있다.

'메아리' 회원인 김창남과 문승현 등은 서울대 부근 봉천동의 한 카페에서 『메아리 1집』을 제작했다. 아침부터 저녁까지 기타와 하모니카 반주만으로 녹음한 그 '불법 테이프'에는 「기지촌」「영산강」「금관의 예수」「진달래」등 16곡이 실렸다. 김민기 작사·작곡의 「기지촌」은 미군이 주둔하던 기지촌에서 고단한 삶을 이어가던 '거리의 여인들'을 소재로 한 노래였다.

> 서산마루에 시들어지는 지쳐버린 황혼이
> 창에 드리운 낡은 커튼 위에 희미하게 넘실거리네
> 어두움에 취해버린 작은 방안에 무슨 불을 밝혀둘까
> 오늘밤에는 무슨 꿈을 꿀까 아무것도 보이지 않네

『메아리 2집』은 5월 항쟁의 해인 1980년에 나왔는데, 역시 김민기의 노래들이 대부분을 차지하고 있었다. 1집과 다른 점은 「신개발 지구에서」「강변에서」처럼 사회 현실에 더 다가간 내용의 17곡을 실었다는 것이다.

대학의 음악동아리 출신 청년들이 조직적으로 민중가요 운동에 나선 것은 1984년 봄이었다. 서울대의 '메아리', 고려대의 '노래얼', 이화여대의 '한소리' 등에서 활동하던 사람들이 '새벽'이라는 모임을 만들어 비합법 공간에서 일하기 시작했던 것이다.

나는 바로 그 무렵에 창립된 민중문화운동협의회의 공동대표가 되어 음악, 마당극, 연극, 영화, 미술 같은 여러 분야의 젊은이들과 함께 일하면서 '새벽' 회원들과 자주 어울렸다.

'새벽'에서 이론과 창작 양면으로 앞서 나가던 젊은이는 서울대 정치학과 출신의 문승현이었다. 그가 노랫말을 쓰고 작곡까지 한 「그날이 오면」은 민주화와 통일을 염원하는 이들의 마음을 절절하게 대변하는 노래로 지금까지 끈질긴 생명력을 유지하고 있다.

> 한밤의 꿈은 아니리 오랜 고통 다한 후에
> 내 형제 빛나는 두 눈에 뜨거운 눈물들
> 한 줄기 강물로 흘러 고된 땀방울 함께 흘러
> 드넓은 평화의 바다에 정의의 물결 넘치는 꿈
> 그날이 오면 그날이 오면
> 내 형제 그리운 얼굴들 그 아픈 추억도
> 아아 짧았던 내 젊음도 헛된 꿈이 아니었으리
> 그날이 오면 그날이 오면

느린 박자에 서정적인 멜로디를 결합시킨 이 노래는 '운동권'에 속하지 않은 사람들에게도 진한 감동을 줄 수 있는 호소력을 지니고 있었다.

문승현처럼 '메아리' 출신인 이창학(필명 이성지)이 1986년에 발표한 「벗이여 해방이 온다」는 「그날이 오면」과 더불어 민중가요의 쌍벽을 이루었다. 서울대 공대 원자물리학과에 다니던 그는 1986년 4월 28일 오전 충격적인 소식을 들었다고 한다. 서울대에서 가까운 신림동의 어느 3층 건물 옥상에서 서울대생 김세진과 이재호가 '반전 반핵, 양키 고 홈'을 외치며 온몸에 불을 지르고 목숨을 끊은 사건이 바로 그것이었다.

이창학은 그 충격을 잔잔한 노래로 표현했다.

그날은 오리라 자유의 넋으로 살아
벗이여 고이 가소서 그대 뒤를 따르리니
그날은 오리라 해방으로 물결 춤추는
벗이여 고이 가소서 투쟁으로 함께 하리니
그대 타는 불길로 그대 노여움으로
반역의 어두움 뒤집어 새날 새날을 여는구나
그날은 오리라 가자 이제 생명을 걸고
벗이여 새날이 온다 벗이여 해방이 온다

'새벽'은 1984년에 『노래를 찾는 사람들 1』이라는 앨범을 펴냈다. 1987년에 '새벽' 회원들은 합법적 공간으로 활동 영역을 넓혀가면서 음반의 제목으로 널리 알려진 '노찾사'를 모임의 공식 명칭으로 쓰기 시작했다.

『노래를 찾는 사람들 1』에서 노래를 부르고 하모니카로 반주를 한 김광석(1964~1996)은 나중에 대중에게 널리 사랑을 받는 가수가 되었다. 명지대 경영학과에 다니면서 '대학연합노래동아리'에 들어가서 민중가요를 부르던 그는 1985년 입대해서 짧은 군 생활을 마쳤다.

김광석은 1987년에 벗들과 함께 '동물원'을 결성한 뒤 1, 2집 앨범을 내고 나서 솔로로 데뷔했다. 그는 1996년 스스로 목숨을 끊기까지 네 개의 앨범을 발표했는데 대중음악 전문가들이 가장 높이 평가한 것은 『다시 부르기 2』(1995)였다. 이 앨범에는 한대수의 「바람과 나」, 이정선의 「그녀가 처음 울던 날」, 양병집의 「두 바퀴로 가는 자동차」, 김의철의 「불행아」 같은 초기 모던포크음악이 실려 있다. 김광석은 그 앨범에서 백창우의 「내 사람이여」, 한동헌의 「나의 노래」 같은 민중가요 선배들의 곡도 불렀다. 앨범은 그의 죽음을 예고한 듯이 류근 시인의 시를 노래로 만든 「너무 아픈 사랑은 아니었음을」로 끝을 맺는다.

김광석은 남의 노래를 자신의 노래로 완벽하게 소화할 수 있는 가창력을 지녔다는 평가를 받았다. 「이등병의 편지」부터 「광야에서」에 이르기까지 마치 김광석이 처음으로 부른 노래처럼 들렸던 것이다.

「이등병의 편지」는 민중가요라기보다는 국민가요라고 부르는 것이 타당한 노래로 지금도 젊은이들의 사랑을 받고 있다.

노찾사 출신으로 지금까지 대중의 인기를 가장 크게 누리고 있는 가수는 안치환이다. 연세대 사회사업학과에 다니던 1980년대 중반부터 민중문화운동에 적극적으로 참여한 그는 노찾사가 '민중에서 대중'으로 이동한 뒤 방송은 물론이고 개인 콘서트에서도 빛을 발했다. 그는 1990년에 『안치환 첫 번째 노래 모음』을 낸 이래 출연료를 받는 무대에만 서지 않고 민주화운동 진영의 여러 행사에 자원봉사자로 열심히 나섰다.

「내가 만일」(김범수 작사·작곡)과 「사람이 꽃보다 아름다워」(정지원 작사, 안치환 작곡)는 대중음악계의 명곡이 되었다. 노찾사 시절에 그가 즐겨 부르던 「광야에서」의 비장함을 생각하면서 「사람이 꽃보다 아름다워」를 들으면 격세지감이 들기도 한다.

강물 같은 노래를 품고 사는 사람은 알게 되지 음 알게 되지
내내 어두웠던 산들이 저녁이면 왜 강으로 스미어
꿈을 꾸다 밤이 깊을수록 말없이 서로를 쓰다듬으며
부둥켜안은 채 정들어 가는지를 음……

안치환은 요즈음도 새로운 음반을 낼 때면 「노동자의 길」「신개발 지구에서」「타는 목마름으로」「자유」 같은 민중가요를 반드시 넣는다고 한다.

## 정태춘-대중과 민중 사이의 다리

대중과 민중의 차이는 무엇일까? 요즈음은 이런 주제를 놓고 대화를 하는 학자들이 자주 눈에 띄지 않지만 1970~1980년대에는 날카로운 논쟁이 벌어지곤 했다.

구태여 학술적으로 접근할 필요 없이 상식적으로 말하자면, 대중은 '뭇 사람들'이고 민중은 계층 또는 계급적 특성을 지닌 사람들, 곧 억압과 수탈을 당하는 사람들의 무리이다. 대중은 불특정 다수를 가리키는 말이 될 수 있지만 민중은 특정한 사람들을 같은 범주로 묶는 용어이다. 민중과 달리 대중에는 지배계급과 피지배계급에 속하는 사람들이 함께 포함될 수 있다.

이렇게 간략하게 대중과 민중을 정의하면 대중가요와 민중가요의 차이를 어렵지 않게 구별할 수 있을 것이다.

정태춘이 '대중과 민중 사이의 다리'라고 보는 것은 그가 처음에는 대중가요에서 출발해서 나중에는 민중가요와 대중가요를 넘나들면서 자유분방한 음악활동을 했기 때문이다. 그는 특히 정치·문화적 차원에서는 민중운동 진영에서 그 어떤 활동가들 못지않게 투사로서 일했다.

나는 1970년대 말 라디오에서 흘러나오는 「서해에서」를 듣고 송창식의 노래라고 생각했다. 음색과 창법이 비슷할 뿐 아니라 노랫말도 송창식 풍이었기 때문이다. 「시인의 마을」 역시 그랬다. 그러나 나중에 알고 보니 정태춘은 1970년대 초의 청년문화와는 전혀 관련이 없고 세시봉에는 간 적도 없는 사람이었다.

정태춘이 대중가요계에 등장한 것은 1978년 11월이었다. 1954년 경기도 평택에서 태어난 그는 서울대 음대 입시 공부를 하다가 '공부 실력'이 모자란다고 판단하고 전국을 떠돌면서 시를 써서 노래로 만들었다고 한다.

1975년에 입대해서 1978년에 제대한 그는 전부터 알고 지내던 음악평론가 최경식의 주선으로 군 생활을 하면서 작곡한 노래들을 모아 첫 음반인 『시인의 마을』을 냈다. 당시 영화뿐 아니라 일체의 공연물이나 음반에 대해 사전 심의를 하던 국가기구인 공연윤리위원회(약칭 공륜)는 『시인의 마을』에 대해 이런 판정을 내렸다.

「시인의 마을」 1편은 오리지널 시의 확인을 위해 심의 보류된 작품이나, 확인 결과 시작과 연결 없는 대중가요 가사로는 방황, 불건전한 요소가 짙어 부적절하다고 사료되므로 전면 개작 요망함.

「사랑하고 싶소」는 내용이 너무 직설적이고 통속적임. 3절 「먼 타향으로 떠나고 싶소」라는 제목과 반대일 뿐 아니라 지나치게 방황을 강조하고 있음.

박정희 정권 말기인 1978년에 공륜이 이렇게 상식에 어긋나는 판정을 내리는 것은 드문 일이 아니었다. 할 수 없이 정태춘은 「시인의 마을」에서 '저 높은 곳에 우뚝 걸린 깃발 펄럭이며'를 '푸른 하늘 구름 흘러가며'로, '더운 열기의 세찬 바람'을 '맑은 한 줄기 산들바람'으로, '숨 가쁜 벗들의 말발굽 소리'를 '자연의 생명의 소리'로 바꿔야 했다.

1980년 5월 항쟁이 일어나던 무렵 정태춘은 평생의 반려이자 '음악의 길동무'인 박은옥과 결혼했다. 그 시절 텔레비전에 나가 노래를 하면서 오락프로그램에서 '재주'를 부리는 일이 너무나 어색하고 싫어서 그는 텔레비전 출연을 포기했다고 한다. 대중과 접촉할 수 있는 가장 중요한 매체와 관계를 끊어버렸던 것이다.

그러다 보니 1980년에 낸 두 번째 앨범 『사랑과 영원한 시』는 대중의 반응을 얻을 수가 없었다. 그 앨범에는 「탁발승의 노래」 「사망부가」를 비롯해서 정태춘의 음악적 지향을 첫 음반보다 더 잘 보여주는 곡들이 수록되었으나 그에게 돌아온 결과는 극심한 생활고뿐이었다.

그렇게 궁핍한 상황에서 정태춘이 만든 세 번째 앨범 『우네』(1980~1983년으로 추정)는 시장에 나가지도 못한 채 사라지고 말았다. 그 음반에 정태춘이 담은 「새벽길」 「우네」 「비야 비야」 등은 국악 반주로 정성스럽게 만든 곡들이었다. 그는 1970년대에 송창식이 그랬듯이 우리 겨레의 독특한 가락에 관심을 쏟기 시작했다.

딸이 태어나서 아버지가 된 정태춘이 어떻게 살아갈는지를 고민하고 있던 때 지구레코드사가 '4년 동안 상당한 액수를 줄 테니 전속계약을 하자'고 제의했다. 그에게는 사막에서 오아시스를 만난 것이나 다름없는 희소식이었다. 정태춘은 1985년에 다섯 번째 앨범인 『북한강에서』를 발표했다. 이 음반에 실린 노래들 가운데 「떠나가는 배」는 대중의 인기를 크게 얻었다.

저기 떠나가는 배 거친 바다 외로이
겨울비에 젖은 돛에 가득 찬바람을 안고서
언제 다시 오마는 허튼 맹세도 없이
봄날 꿈같이 따사로운 저 평화의 땅을 찾아
가는 배여 가는 배여 그곳이 어디메뇨
강남길로 해남길로 바람에 돛을 맡겨
물결 너머로 어둠속으로 저기 멀리 떠나가는 배

이 노래는 정태춘이 시인으로서 만만치 않은 자질과 능력을 지니고 있음을 여실히 보여주었다. '봄날 꿈 같이 따사로운 평화의 땅을 찾아가는' 배는 전두환 군사독재 아래서 신음하는 사람들이 평화로운 삶을 얼마나 간절히 원하는지를 대변하는 소리로 들릴 수도 있었을 것이다.

정태춘은 1985년 1월 부산 가톨릭센터에서 '정태춘 노래마당'이라는 이름으로 연주회를 열면서 뭇 사람들을 찾아가기 시작했다. 나중에 '정태춘·박은옥 노래마당'으로 바뀐 그 공연은 두 해 남짓 계속되었다.

부부가 그렇게 전국을 순회하던 기간인 1987년에 6월 항쟁이 일어났다. 그는 폭발한 민중의 힘을 보면서 '나 혼자서 순수하게 자유로워지려고 했다'고 반성했다고 한다.

정태춘이 6월 항쟁 이듬해인 1988년에 펴낸 여섯 번째 앨범 『정태춘·박은옥 무진 새노래』에는 그동안 공륜 심의에 걸려 빛을 보

정태춘·박은옥, 「CHEONG TAE-CHOON PARK EUN-OHK」, 지구레코드, 1984

지 못한 노래들과 「아가야 가자」 같은 신작이 실렸다. 그는 이 앨범에서 북, 꽹가리, 태평소 같은 전통악기들을 사용하면서 국악과 서양 포크음악의 어울림을 시도했다. 일찍이 크로스오버를 개척하는 길로 나섰던 것이다.

정태춘은 1988년 가을부터 민주화 운동권으로 직접 뛰어들었다. 청계피복노조가 주최한 집회에서 노래를 부른 것을 시작으로 대학 교정이나 노동자들의 모임에 '고무신을 신은 소리꾼'으로 부지런히 참여했다.

그는 1990년, 전에 공륜의 심의에 걸렸던 「인사동」과 함께 새 노래들을 심의에 넣었다. 그러나 '개작'하라는 지시가 떨어지자 그는 일곱 번째 앨범 『아! 대한민국』을 '불법적'으로 발표했다. 그 음반에 수록된 「아! 대한민국」 「우리들의 죽음」 「일어나라 열사여」 등의 노래는 노태우 정권을 정면으로 비판하고 풍자하는 내용을 담고 있었다. 이 지점에서 그는 대중 속에서 민중 속으로 확연하게 이동했다.

표현의 자유를 쟁취하려는 정태춘의 싸움은 그야말로 치열했다. 그는 1991년 1월 29일 민족음악협의회가 결성한 '음반 및 비디오에 관한 법률 개악 저지를 위한 대책위원회' 위원장을 맡고 대중집회와 홍보에 앞장섰다. 그러자 그해 11월 초 문화체육부는 '제작업자 등록 없이 음반을 제작했다'는 등의 혐의로 정태춘을 서울지검에 고발했다.

정태춘은 표현의 자유를 위해 끈질기게 싸우다가 김영삼 정권 시기인 1994년 1월 하순, 고발당한 지 3년 만에 불구속 기소되었다. 그해 5월 10일 재판부는 정태춘 사건에 관해 위헌 여부에 대한 심판을 헌법재판소에 신청했다.

마침내 1996년 10월 31일 헌법재판소는 '재판관 전원 일치'의 견으로 '위헌' 결정을 내렸다. 요지는 아래와 같았다.

> 사전 심의는 헌법에 보장된 언론·출판의 자유와 학문·예술의 자유, 그리고 검열의 금지에 위배되며, 검열이 허용될 경우 창작자의 예술 활동의 독창성과 창의성을 침해하여 정신생활에 끼치는 영향이 크다.

그 역사적 결정은 정태춘 혼자만의 힘으로 이끌어낸 것은 아니었지만 표현의 자유를 쟁취하기 위한 투쟁의 선봉에 섰던 그의 역정은 한국 정치·사회·문화운동사에 굵은 글씨로 기록되어야 마땅할 것이다.

정태춘은 가수로서는 물론이고 한 인간으로서도 자유와 평등을 위한 싸움에 적극적으로 참여했다. 이 점은 가요계의 그 어떤 사람들에 비해서도 아주 두드러지는 특징이다.

정태춘은 자작곡 가수로서 다양한 노랫말들을 선보였다. 그는 「일어나라 열사여」(이철규 열사 조가)에서는 다음과 같이 직설적으로 외쳤다.

더 이상 죽이지 마라
너희 칼 쥐고 총 가진 자들
싸늘한 주검 위에 찍힌 독재의 흔적이
검붉은 피로, 썩은 살로 외치는구나

그러나 2004년에 출간된 『노독일처老獨一處』라는 그의 시집에는 차분하고 서정성이 짙으면서도 민중의 삶을 애정 어린 목소리로 읊는 시편들이 많이 실려 있다. 「92년 장마, 종로에서」가 그런 성향을 대표하는 시라고 본다.

나도 이제 그만
세상 모로 누워버릴까?

지난 긴긴 겨울
내 영혼 더욱 움츠리고
부서질 듯 메말랐는데

짙은 황사 바람 뒤로 또
철없는 아이처럼 새봄은 오고
뒤뚱거리며 여기까지 내달려온 육신이 노곤하여
저 봄, 꽃산 뒤편으로 이제 숨고만 싶은데……

그런데,

벗이여

저 바람은 올 봄도 다시 내 등 떠밀며

숨지 마라, 숨지 마라

눕지 마라, 눕지 마라 하고

비록 황사 같은 세상에도

노오란 꽃노래 부르라 하고,

아직 메마르고 싸늘한 바람 속에서도

온 산 철쭉 같은

뜨거운 노래를 부르라 하고……

부르라 하고……

맺음말
# 좋은 음악이 삶을 바꾼다

2010~2011년에 '세시봉 친구들'이 '세시봉 콘서트'를 통해 한국 사회에 일으킨 사회 문화적 열풍은 음악의 힘과 영향력이 얼마나 강한지를 여실히 보여주었다. 신드롬이라고도 불린 그 현상은 청소년, 중장년, 노년층에 골고루 나타났다.

특히 방송매체들에는 그렇게 뜨거운 바람을 일으킨 MBC의 '유재석 김원희의 놀러와'를 모방하는 프로그램들이 잇달아 등장했다. '흘러간 시절'의 가수들뿐 아니라 노년의 연기자들까지 줄줄이 텔레비전 화면에서 지난날의 숨은 이야기들로 시청자들의 눈길을 끌었다.

이런 현상은 단순한 '복고復古'가 아니라 오늘을 살고 있는 사람들이 잊고 사는 것이 무엇인가를 새삼 깨닫게 하는 각성제가 아니었을까?

1960년대의 '세시봉'은 반세기 가까이 지난 2011년에 거창하게는 아니지만 눈에 띄게 많은 사람들의 삶을 바꾸었다. 그 시절에 20~30대이다가 이제는 60~70대 노인이 된 사람들 가운데는 '세시봉 콘서트'를 보고 또 보면서 솟구치는 감흥을 어찌할 줄 모르는 이들이 많았다. 내가 아는 사람들도 대체로 그랬다.

그들은 3, 40대가 된 자녀들이나 10~20대의 손자들과 '세시봉'을 주제로 다양한 대화를 나누었다고 한다. 예를 들면 이런 내용이다.

"할아버지 할머니도 그때 세시봉에 가보셨어요?"

"그럼, 거기서 음악을 들으면서 데이트를 했지. 엘비스 프레슬리나 비틀스의 신나는 노래가 나오면 어깨와 엉덩이를 흔들면서 춤을 추었단다."

"정말이요? 지금 한 번 해보세요."

1987년 6월 항쟁 때 넥타이를 매고 시위에 나섰던 '7080세대'는 운동권의 민중가요에 익숙했다. 그런데 노래방이나 텔레비전에서 단편적으로 듣던 조영남, 송창식, 윤형주, 김세환의 노래들을 세 시간이 넘는 콘서트로 듣고 보니 거기에는 분명히 '삶의 속살'을 자극하는 무엇인가가 있었을 것이다. 그래서 4, 50대 중장년층도 세시봉 열풍에 휩싸였던 것 같다.

나는 이번에 이 책을 쓰면서 '좋은 음악이 삶을 바꾼다'는 것을 절실히 느꼈다. 신문과 방송은 물론이고 인터넷에 올라 있는 그 무수한 글들을 보면 '세시봉'에 대한 찬탄이 압도적이었다. '그 시절의 독재정권 아래서 탄압 받으면서 신음하던 사람들을 잊었느냐'라든지 '미국의 천박한 대중음악을 모방하는 부르주아 취향에다 기독교 일변도의 노래와 대화는 반감을 일으킬 뿐'이라는 주장도 있었다. 어쨌든 '세시봉'에 대한 평가는 긍정을 넘어서 찬사가 주류를 이루었다.

일부 언론에는 '세시봉 친구들'이 세대 간의 화합을 이루는 데 크게 이바지했다고 극찬하는 글들이 오르기도 했다. 그러나 나는 그런 평가는 좀 성급하다고 생각한다. 청소년들이 조영남, 송창식, 윤형주, 김세환의 노래와 대화를 보고 들으면서 할아버지와 할머니들이 젊던 시절의 '청년문화'에 그런 매력과 따뜻한 인간적 면모가 있음을 발견했다 하자. 그러나 그들이 짧은 기간에 노년 세대와 문화적으로 화합하기에는 오늘의 대중문화 현장이 너무나 '상품 가치' 위주로 움직이고 있다.

오늘날 10대와 20대 청소년들의 '아이돌(우상)'은 성적 매력이 넘치는 육체적 조건을 갖추고 춤을 능란하게 추며 온갖 예능 프로에 나가서 재치있는 말솜씨를 보일 수 있는 연예인들이다. 그들 가운데서도 가수는 기본적으로 영어 낱말들이나 문장이 뒤섞인 노래들을 부를 줄 알아야 한다. 그런데 기성세대가 보고 듣기에 그들의 노래는 난해하기 짝이 없다. 수십 년 동안 외국인들을 상대하고 10년 넘게 영어 원서를 우리말로 옮겨온 사람이 들어도 무슨 뜻인지 모를 영어가 마구 튀어나온다.

'빅뱅'이 부른 「거짓말」(지 드래곤 작사 · 작곡)이라는 노래를 예로 들어보자.

Ye love is pain

To all my broken hearted people

One's old a flame scream my name

And I'm so sick of love songs

I hate damn love songs

Me men to of ours

거짓말 늦은 밤비가 내려와 널 데려와

젖은 기억 끝에 뒤척여 나

너 없이 잘 살 수 있다고

다짐해 봐도 어쩔 수 없다고

못하는 술도 마시고 속 타는 맘 밤 새워 채워봐도
싫어 너 없는 하루는 길어 빌어 제발 잊게 해 달라고
너 없는 내겐 웃음이 보이지 않아 눈물조차 고이지 않아
더는 살고 싶지 않아
×같애 열 받게 니 생각에 돌아버릴 것 같애

　이 노래의 앞부분에 나오는 영어를 도대체 어떻게 해석해야 할까? 우선 기본적으로 문법이 맞지 않는다. 시에서는 주어와 서술어를 생략할 수도 있지만, 여기서는 첫 행과 그다음 행들이 어떻게 맥락이 닿는지 전혀 이해할 수가 없다. 그리고 한글로 된 노랫말을 '랩'으로 부르는 독백이라고 선의로 해석할 수도 있겠지만 문학성이나 시적 운치는 찾아볼 수가 없다.
　「거짓말」이라는 노래보다는 정도가 덜하지만, 아이돌들의 인기곡 가운데는 엉터리 영어를 남발하고 우리말의 문법과 어법을 파괴하는 노래가 수두룩하다.
　우리나라의 장년이나 노년 세대는 텔레비전에서 아이돌들의 노래와 춤을 보고 들으면서 국적 불명의 음악과 춤사위에

곤혹스러움을 느낄 것이다.

그러나 일차적인 문제는 그런 아이돌들 자신이나 그들을 보고 열광하는 청소년들에게 있지 않다. 우리말이나 영어를 제대로 구사하지도 못하는 상태의 젊은이들을 경쟁적으로 '상품화'하는 기획사들과 방송 제작자들의 야합이 가장 심각한 문제이다.

한국 대중가요계 아이돌의 '원조'로는 서태지를 꼽을 수 있을 것이다. 그는 요즈음 인기가 높은 대다수 아이돌들과 어떻게 달랐던가?

1991년 양현석, 이주노와 함께 그룹 '서태지와 아이들'을 결성한 그는 '행복은 성적순'이라는 고정관념이 지배하는 한국 사회에서는 낙오자나 다름없었다. 서울북공고 1학년을 다니다가 '대학입시 준비는 시간 낭비일 뿐'이라고 판단한 서태지는 대중음악의 세계로 뛰어들었다.

1992년 3월 '서태지와 아이들'은 1집 앨범을 내고 MBC의 연예프로에 출연했다. 신인가수들의 음악을 평가하는 그 프로에서 어떤 심사위원은 그들에게 낙제점을 주었다고 한다. 그러나 그런 '모욕'에 아랑곳없이 「난 알아요」가 실린 앨범은 발매

3주 만에 30만 장이 넘게 팔렸다.

그 이후 '서태지와 아이들'은 한국 사회에 '문화혁명'이라고 할 만한 사건들을 잇달아 일으켰다. 그들이 1993년 9월에 발표한 2집 앨범은 국내 최초로 200만 장이 넘는 판매기록을 세웠다. 거기 실린 「하여가」는 레게 리듬에 록과 힙합을 배합하고 국악까지 가미함으로써 대중음악의 새로운 경지를 열었다는 평가를 받았다.

'서태지와 아이들'이 1994년 8월에 내놓은 3집 앨범(「발해를 꿈꾸며」, 「교실 이데아」 등 수록)은 교육, 통일, 마약문제를 비롯해서 사회비판적인 내용을 많이 담고 있었다. 특히 「교실 이데아」(서태지 작사·작곡)는 당시 그 어떤 소설가나 시인보다 날카롭고 극명하게 암울한 교육 현실을 고발했다.

됐어(됐어) 이젠(됐어) 이제
그런 가르침은 됐어
그걸로 족해(족해) 족해(족해)
내 사투로 내가 늘어놓을래

> 매일 아침 일곱시 삼십분까지
> 우릴 조그만 교실로 몰아넣고
> 전국 구백만의 아이들의 머릿속에
> 모두 똑같은 것만 집어넣고 있어
> 막힌 꽉 막힌 사방이 막힌
> 널 그리곤 덥석 모두를 먹어 삼킨
> 이 시커먼 교실에서만
> 내 젊음을 보내기는 너무 아까워

우리에 갇혀서 사육을 당하는 짐승처럼 학교생활을 해야 하던 아이들에게 이 노래는 짙은 공감을 일으켰다. 주입식 교육을 강요하면서 인간을 파괴하고 경쟁만을 부추기는 권력과 학교체제에 대한 비판을 흥겨운 리듬에 실어 들려주자 청소년들이 열광했던 것이다. 당시 정권은 '서태지와 아이들'이 청소년들에게 끼치는 영향을 차단하려고 방송 금지, 가사 수정 요구를 비롯해서 사법적 고발까지 갖은 수단을 동원했다. 그러나 그럴수록 많은 청소년들이 서태지를 '우상'으로 섬기는 강도는 더욱 높아졌다. 그를 '문화대통령'이라고 부르는 언론도 있을 정도였다.

서태지는 음악이 아이들은 물론이고 어른들의 생각과 삶까지도 바꿀 수 있음을 보여준 예술인이자 뛰어난 사회과학자에 못지않은 '이데올로그ideologue'였다.

서태지는 한국 대중음악사상 처음으로 작사, 작곡, 편곡, 연주, 녹음, 마케팅, 매니지먼트를 겸하는 창작자, 프로듀서, 경영인이 되었다. 그는 자신의 프로덕션인 '요요기획'을 세운 뒤 지금은 '서태지 컴퍼니'를 운영하고 있다. 그가 혁신적으로 창작과 사업을 병행하자 조용필과 신해철이 그의 뒤를 따랐다.

서태지 같은 인물에게나 어울리는 아이돌이라는 용어가 지금은 너무 남발되고 있다.

사회 전체가 병영이나 감옥 같다는 느낌이 들던 독재정권 시기에 많은 젊은이들은 노래에서 희망과 투쟁의 의지를 찾았다. 1970년대 후반부터 많이 불리던 「타는 목마름으로」(김지하 시, 이성현 작곡)가 대표적인 곡이었다.

내 머리는 너를 잊은 지 오래
내 발길도 너를 잊은 지 너무도 오래
오직 한 가닥 타는 가슴 속 목마름의 기억이
네 이름을 남 몰래 쓴다
타는 목마름으로 타는 목마름으로
민주주의여 만세

살아오는 저 푸르른 자유의 추억
되살아나는 끌려가던 벗들의 피 묻은 얼굴
떨리는 손 떨리는 가슴 치떨리는 노여움이
네 이름을 남 몰래 쓴다
타는 목마름으로 타는 목마름으로
민주주의여 만세
만세 만세 민주주의여 만세

  2011년 봄이 무르익어 가는 지금 보통사람들의 삶은 고단하고 팍팍하다. 4대강 여기저기서 불도저와 삽들이 자연을 무너뜨리고 있고 구제역으로 '살처분'당한 짐승들의 피가 언 땅을 헤치고 솟아오른다. 극소수의 권력자와 재산가들 말고는 앞으로 어떻게 살아야 할는지 막막할 뿐이다. 치솟는 물가와 전세값이 서민들의 목을 조이고 있다. 1998년부터 10년 동안 미흡하게나마 누리던 민주주의는 '타는 가슴속 목마름의 기억'이 되어버렸다.

그런데 이 답답한 세상에 빛과 희망을 던지는 좋은 음악은 별로 보이지 않는다. '세시봉 친구들'이 암울하던 옛 시절의 노래들로 많은 사람들의 마음을 푸근하게 해주었듯이 지금 이 시대의 대중에게 위안과 힘찬 기운을 불어넣어줄 음악을 간절히 기다린다.

KI신서 3306
## 세시봉 이야기

**1판 1쇄 인쇄** 2011년 4월 25일
**1판 1쇄 발행** 2011년 4월 30일

**지은이** 김종철 **그린이** 강모림
**펴낸이** 김영곤 **펴낸곳** (주)북이십일 21세기북스
**출판콘텐츠사업부문장** 정성진 **TF팀장** 안현주
**기획 편집** 유승재 **디자인** 표지 본문 씨디자인
**마케팅영업본부장** 최창규 **마케팅** 김보미 김현유 강서영 **영업** 이경희 우세웅 박민형
**출판등록** 2000년 5월 6일 제10-1965호
**주소** (우413-756) 경기도 파주시 교하읍 문발리 파주출판단지 518-3
**대표전화** 031-955-2100 **팩스** 031-955-2151 **이메일** book21@book21.co.kr
**홈페이지** www.book21.com **블로그** b.book21.com **트위터** @21cbook

글 ©김종철 그림 ©강모림 2011

책 값은 뒤표지에 있습니다.
ISBN 978-89-509-3062-2 03810

이 책 내용의 일부 또는 전부를 재사용하려면 반드시 21세기북스의 동의를 얻어야 합니다.
잘못 만들어진 책은 구입하신 서점에서 교환해 드립니다.